Fritz Messner

[umgeQuert]

Glossen und Satiren

Mit Karikaturen von
Reinhard Simbürger

Wolfgang Pfeifenberger Verlag

Inhaltsverzeichnis

Vorwort

Dass dieses Buch existiert, hat es (habe ich / hat die Welt) einer Reihe von Menschen und Ereignissen zu verdanken, meine ganz persönliche Sicht auf die Entwicklung möchte ich an dieser Stelle kurz darlegen.

Am Anfang stand wohl mein Großvater, auf dessen abendliche Rückkehr aus dem Gemeindesteinbruch, den er aus dem Katschberg »schoss«, also sprengte, ich im Vor- und Volksschulalter oft sehnsüchtig wartete. Nach dem Füttern der Tiere im Keuschlerstall saß ich dann neben ihm auf dem Divan, er drehte sich, noch immer »in der Blauen« und den Arbeitsstiefeln, seine geliebten Tschick und wir horchten gemeinsam die Radionachrichten aus aller Welt. Viel verstand ich nicht, aber ich durfte immer Fragen stellen und er erklärte mir Wörter, Ereignisse und Zusammenhänge, so gut es ging. Dieses Interesse an den Geschehnissen in der nahen und fernen Welt und das Bedürfnis, sie zu verstehen und zu interpretieren, ist mir wohl bis heute geblieben.

Dann kam die Musik, die erste Band mit 12 Jahren, »The Yellow«, alte Wandergitarren und ein Schlagzeug aus Omo-Trommeln, aber selbst geschriebene Texte in frisch gepflanztem Schulenglisch. Why must thousand men die? Der Vietnamkrieg flimmerte schwarz-weiß durch das Lungauer Wohnzimmer und die Bilder wollten wohl irgendwie verarbeitet werden.

Und das Grundschema, das heute noch gilt, war eigentlich damals schon vorhanden: Wenn man sein Leben nicht ganz strikt nach dem Motto »Augen zu und durch!« abhandeln will (oder kann), strömt die Welt auf einen ein, in welcher Form auch immer – Erlebnisse, Situationen, Wortfetzen, Erzählungen, Bilder, Zeitungsartikel, Fernsehberichte, Filme ... – und weil man die ganze Flut in jeder Bedeutung des Wortes nicht fassen kann, muss man sie filtern und weil man die gefilterte, komprimierte Welt der Eindrücke nicht in sich behalten kann oder will, muss sie wieder raus, in welcher Form auch immer. In meinem Fall damals halt vor allem in der von Liedern.

Irgendwann taute dann die Erkenntnis, dass eine Fremdsprache vielleicht auf Dauer doch nicht ganz das richtige Instrument ist, wenn man den Ehrgeiz hat, eventuell auch einmal unpatscherte Texte zu schreiben und dass halt der Dylan Bob, der Cohen Leonhard und einige andere die Latte für Liederschreiber im Englischen schon relativ hoch gelegt hatten. Also »back to the roots« und der Entschluss, es in Deutsch zu versuchen.

Und nach einigen relativ schnell selbst erkannten Konstantin Wecker-Plagiaten, dann sehr bald noch weiter »back to the roots«, sprich: Liedtexte im Dialekt, und wenn schon denn schon: im beinharten Lungauer Dialekt. Das erste Lied, der »Gnigl Panik Paranoia Blues«, das einen realen Vorfall mit der Exekutive am in der Nähe der Studentenbude gelegenen Salzburger Frachtenbahnhof im Stil eines Talking Blues bis ins völlig Absurde überhöhte, wurde 1983 ein veritabler Hit im Freundes- und Studentenkreis. Es funktionierte also!

Diese Erkenntnis, nämlich in einer unverbrauchten Dialektform durchaus ernstzunehmend lyrisch, kritisch und ironisch arbeiten zu können und Gehör zu finden, barg sicher auch schon den Keim der Querschläger in sich. Dass sich dann sechs ideale Mitstreiter fanden, die dieses Projekt mit stetig wachsendem Erfolg nun schon seit 25 Jahren vorantreiben – von der Insiderpartie von hinter den Bergen bis zum zwei Mal ausverkauften Salzburger Landestheater – war und ist eine glückliche Fügung. Mittlerweile stehen 250 Lieder auf 13 CDs und fast 700 Konzerte in ganz Österreich und dem angrenzenden Ausland mit wunderschönen Erlebnissen auf der Habenseite.

Eine der Stärken der Querschläger war von Anfang an die Spiegelung der aktuellen Ereignisse in Liedern mit kritischen und satirischen Texten, in denen wir uns kein Blatt vor den Mund nahmen bzw. nehmen.

Vor etwa 10 Jahren bekam ich dann ein Angebot des Radiomachers Manfred Baumann, der die Querschläger von Anfang an interessiert verfolgt hat und mittlerweile zum Kabarettkollegen und Freund geworden ist, das Tagesgeschehen auf Radio Salzburg in »Gstanzl-Querschlägern«, also ironisch-kritischen Vierzeilern aufzubereiten, was ich mit zwei Kollegen drei Jahre lang mit Vergnügen und großer Resonanz machte.

Auch im Kultkabarett, in dem ich seit 2006 mit Manfred Baumann und Peter Blaikner als Drittem im Bunde gesellschaftliche Schräglagen auslote, ist Satire natürlich ein probates Mittel. Einige Texte in diesem Buch sind überarbeitete Kabaretttexte aus den ersten vier Programmen.

Als ich im Herbst 2010 von Sylvia Wörgetter und Manfred Perterer zu einem Gespräch in die Redaktion der Salzburger Nachrichten eingeladen wurde, hatte ich keine Ahnung, worum es gehen könnte. Das Angebot, unter dem Titel »Querschläger« und bei freier Themenwahl eine wöchentliche Kolumne für den Lokalteil der Zeitung zu schreiben, überraschte mich, denn bis auf einige Leserbriefe waren von mir bisher eigentlich nur Dialekttexte erschienen. Dass ich nach kurzem Überlegen sofort zusagte, habe ich keinen Moment lang bereut.

Auf der einen Seite ist es zwar eine große Herausforderung, verschiedene Themenbereiche, Zugänge, Stimmungen, Formen und Stile zu finden, um nicht langweilig zu werden und die satirische Schärfe so zu dosieren, dass sie schon ein wenig weh tut und aufrüttelt, aber nicht verletzt oder herabwürdigt, auf der anderen Seite macht es auch nach vier Jahren noch immer großen Spaß, diese Position des »öffentlichen Beobachters« einnehmen zu dürfen. Manchmal ist das aber auch eine Gratwanderung. Ich finde, satirische Texte sollten möglichst punktgenau sein und das Ziel präzise definieren, vor allem im politischen Bereich. Denn wenn sie nicht bestimmte Personen in bestimmten Funktionen, bestimmte Gruppierungen oder bestimmte Vorfälle zum Ziel haben, sondern »die Politiker« oder »die Politik« pauschal angreifen, unterhöhlen sie die Demokratie als Gesamtes – und es liegt mir nichts ferner, als das zu tun.

Die Resonanz auf meine Glossen war von Anfang an sehr groß, ob in Briefen, E-Mails, Postings oder in persönlichen Gesprächen. Sie kam und kommt auch aus allen gesellschaftlichen Ecken,

Schichten und Altersgruppen, was mich sehr freut und weiter anspornt. Meistens sind die Reaktionen positiv oder freundlich kritisch, manchmal geht es aber auch ganz schön zur Sache, was aber – solange nicht feig und anonym – völlig in Ordnung ist: Wer austeilt muss auch einstecken können.

Die Arbeit an diesem Buch, vor allem das nochmalige Durchlesen und Zusammenstellen der Kolumnen der letzten vier Jahre, war auch insofern interessant und spannend, als sich in der Zusammenschau und mit ein wenig Abstand verschiedene Muster und Entwicklungen offenbarten. Manche Themenbereiche sind Dauerbrenner, manche Eintagsfliegen und manche verdichteten sich dramatisch innerhalb kurzer Zeit, wie zum Beispiel die Flüchtlingsproblematik im Laufe dieses Jahres. Um dies auch für den Leser nachvollziehbar zu machen, wurden die Texte bis auf wenige Ausnahmen in chronologischer Reihenfolge zusammengestellt.

Der erste, der die Idee hatte, ein Buch mit meinen Kolumnen aus den Salzburger Nachrichten herauszubringen, war der Pinzgauer Buchhändler Klaus Ellmauer. Klaus ist leider völlig überraschend verstorben, bevor das Projekt spruchreif wurde, er hat aber das Verdienst, mir die Möglichkeit einer Veröffentlichung in Buchform, an die ich selbst nie gedacht hatte, überhaupt nahegebracht zu haben.

Deshalb waren dann etwa zwei Jahre später, als Wolfgang Pfeifenberger, Buchhändler und Verleger aus dem Lungau, mit einer ähnlichen Idee bei mir anklopfte, schon einige grundsätzliche Überlegungen gemacht und meine Zustimmung zum Projekt kam postwendend und definitiv. Später gab es noch weitere Angebote, aber ich finde, dass dieses Buch, in dem es im Kern sehr oft um Regionalität und lokale Entwicklung, quasi um das vielzitierte »small is beautiful« geht, in keinem Verlag besser aufgehoben sein könnte, als in einem aus dem Lungau, der es sich zum Ziel gemacht hat, regionalen Themen und Autoren eine Plattform zu bieten.

Und wenn man zu guter Letzt noch einen Freund hat, der nicht nur ein begnadeter Multiinstrumentalist ist, mit dem man schon seit 35 Jahren gemeinsam Musik macht, sondern der als akademischer Bildhauer auch eine äußerst elegante und spitze Zeichenfeder führt, liegt es auf der Hand, ihn zu fragen, ob er nicht Lust hätte, einige der Texte als Karikaturen ins Bild zu setzen, um noch eine andere Ebene ins Spiel zu bringen. Auch diese Antwort kam prompt und positiv und die Ergebnisse sprechen für sich, finde ich.

Dank gilt noch der Lokalredaktion der Salzburger Nachrichten für die vielen positiven Rückmeldungen, Lektorin Christina Repolust für ihre Anregungen, meiner Schwägerin Monika Kaltenhofer als orthografisch-grammatikalischer Hotline bei den ursprünglichen Texten und meiner Frau Gabi, deren spontane Reaktion als Erstleserin ein verlässlicher Kompass für mich ist.

Fritz Messner
September 2015

Wegwerfgesellschaft

Wir werfen nicht nur Nahrung weg, sondern – im übertragenen Sinn – auch Natur und Menschen.

Seit letzter Woche ist es amtlich: Wir sind eine Wegwerfgesellschaft. Wir Salzburger werfen pro Jahr 9300 Tonnen einwandfreie Lebensmittel auf den Müll. Überrascht? Wirklich? Dabei ist das ja nur die Spitze des Eisbergs.

Wir werfen nämlich auch vieles weg, was nicht so offensichtlich, dafür aber unwiederbringlich ist. Natürliche Ressourcen zum Beispiel. Was zählt schon ein kleines Naturschutzgebiet, wenn es wirtschaftlichen Interessen im Weg steht? Ein Hochmoor dort, ein Augebiet da – weg damit, es sind ja eh nur ein paar Stauden und es gibt immer einen guten Grund dafür.

Mit der Konzentration auf die Ballungsgebiete und dem schleichenden Abbau der ländlichen Infrastruktur werfen wir auf lange Sicht ganze Randgebiete unseres Landes weg.

Auch menschliche Ressourcen werfen wir weg. Am Arbeitsmarkt werden ältere Arbeitnehmer gegen jüngere, billigere ausgetauscht oder in die Frühpension gedrängt oder gelockt, egal, was das die Gesellschaft in Zukunft kosten wird.

Wir verwerfen aus unerfindlichen Gründen auch das Potential von höchstqualifizierten Frauen, vor allem in der Wirtschaft. Wie könnte es sonst sein, dass in den 200 bedeutendsten Unternehmen des Landes nur jedes 25. Vorstandsmitglied eine Frau ist?

Und wir werfen – so hart das jetzt auch klingen mag – einen Teil unserer Kinder und Jugendlichen weg, indem wir ein erwiesenermaßen sozial ungerechtes System mit Restschulen einzementieren. Jugendliche ohne realistische Perspektive schmeißen sich früher oder später nämlich selbst weg und sind für die Gesellschaft verloren.

Die Liste wäre noch beliebig erweiterbar, an ihrem Ende steht aber immer die Frage, ob wir mit dieser Haltung nicht aus kurzfristigen Überlegungen heraus unsere Chancen für die Zukunft mit wegwerfen.

Die Grillwürstl der Gerechtigkeit

Anstand hat nichts mit »oben« und »unten« zu tun, sondern mit Gelegenheit und vor allem mit Charakter.

Der erste Grillabend des Jahres gerät schnell in Fahrt. Würstl, Bier, Verdauungsschnapserl, noch mehr Bier und schließlich das ergiebige Thema »De da ob'n san sowieso alle korrupt und mach'n was se woll'n« heben Stimmung und Adrenalinspiegel. »Alle san's Gauner, des kannst amal schreib'n«, wird mir aufgetragen, Nasenspitze an Nasenspitze.

Den »Auftraggeber« kenne ich schon seit meiner Schulzeit. Er ist knapp über 55, seit einigen Jahren in Frühpension, aber nichts desto trotz im ganzen Dorf wegen seiner tollen handwerklichen Fähigkeiten als Pfuscherkönig bekannt, beliebt und für Monate im vorhinein ausgebucht. Seine Frau, eine gelernte Frisörin, mittlerweile aber schon lange Hausfrau, soll – so berichten »Haarzeugen« – in einem relativ professionell eingerichteten Salon im Keller des Eigenheims regelmäßig die verschiedensten Damen aller Schichten und Ortsteile vom Hals aufwärts runderneuern – zum Vorzugspreis, versteht sich, und ohne der bösen Finanz und Sozialversicherung sinnlos Geld in den Rachen zu stopfen.

Ich überlege mir kurz, was diese zwei netten Leutchen wohl so alles treiben würden, wenn sie die Möglichkeiten der viel gescholtenen Politiker, Bänker und Manager hätten; und ob sich dieser Lautsprecher der Fleißigen und Anständigen schon einmal überlegt hat, dass Leute wie er und seine Angetraute genau diesen die spärlichen Jobs und Aufträge wegnehmen, Angestellten genauso wie kleinen Gewerbetreibenden. Von den Pensionen der Jungen ganz zu schweigen.

Sagen tu ich ihm das allerdings angesichts seiner Nahkämpfer-Unterarme und in dieser aufgeheizten Stimmung nicht, er hat mir ja ohnehin aufgetragen, ich soll einmal darüber schreiben.

Nie wieder Ladenschluss!

Ein aufwühlender Zeitzeugenbericht aus der Steinzeit des Shoppings.

Ich wuchs in einer grauen, finsteren Zeit auf; man nannte sie die Sechziger und Siebziger. Es herrschten Zustände, die man sich heute fast nicht mehr vorstellen kann. Die Geschäfte waren nur von 7 oder 8 bis 12 Uhr und von 15 bis 18 Uhr geöffnet. Das ist kein Witz. In der Mittagszeit verbarrikadierten sich die Kauf-

leute mit ihren Waren hinter heruntergelassenen Rollläden und ließen die hilflosen Kunden mit ihren sehnsüchtigen Wünschen allein. Das ist aber noch nicht alles. Am Mittwochnachmittag blieben die Geschäfte überhaupt ganz geschlossen. Wie wir in dieser Steinzeit des Shoppings überlebt haben, ohne zu verhungern, und warum die Wirtschaft nicht schon nach wenigen Monaten zusammenbrach, ist eines der großen historischen Rätsel. Irgendwie schafften wir es, uns die Zeit so einzuteilen, dass wir regelmäßig an Waren und Nahrungsmittel kamen. Wir nutzten dazu ein primitives technisches Hilfsmittel, das man am Handgelenk trug. Es war so eine Art Handy ohne Empfang, ausgestattet mit nur einem lächerlichen App, der Zeitanzeige. Man nannte es »Uhr«. Damit organisierten wir unsere Tagesabläufe. Unvorstellbar, heute.

Das Schrecklichste aber war, dass alle Geschäfte von Samstagmittag bis Montagfrüh geschlossen waren. Wirklich. Am Samstag um Punkt zwölf war Schluss. Dann folgten 43 brutale und lähmende Stunden ohne jede Einkaufsmöglichkeit. Da musste man unter Umständen schon am Freitag wissen, was man am Sonntag essen wollte, und vor allem: Man musste das gesamte Wochenende ohne Shopping sinnlos verplempern.

Solche Erfahrungen müssen wir unseren Kindern und Enkeln ersparen, darum fordere auch ich: Nie wieder Ladenschluss! Öffnet die Tore! 7 Tage, 24 Stunden! Das ist wahre Freiheit!

Geheimkommando Grenardiermarsch

Der Alltag beim Heer ist beinhart. Wie ein gefrorenes Grießnockerl

Aus Gründen, die so geheim sind, dass nicht einmal die Verantwortlichen im Ministerium wissen, warum, wird die Verpflegung für die Struckerkaserne in Tamsweg seit einigen Wochen in Klagenfurt zubereitet und dann tiefgefroren in den Lungau transportiert. Uns liegt ein entsprechender Einsatzbericht des Nachschubunteroffiziers, Vizeleutnant Herfried Rambonig, vom 1.7.2011 vor.

8.40: Laden der Essensrationen. Sie werden in zu Kühlboxen umgebauten Munitionskisten transportiert. Es gibt Grießnockerlsuppe, Grenadiermarsch mit Krautsalat und eine Tafel Edelbitter Militärschokolade.

9.07 – Abfahrt. Der Pinzgauer läuft ruhig. Der erfahrene Navigator Wachtmeister Winklhofer leitet uns sicher durch die tückischen Häuserschluchten Klagenfurts auf die A10.

9.48 – Feindberührung. Auf Höhe Paternion setzt aus einem Hinterhalt ein Bofrost-Transporter zum Überholen an. Unser Kraftfahrer, Gefreiter Pfeifenberger, drängt ihn geschickt ab. Er gibt auf und verlässt die A10 bei Spittal Süd. Ich werde Pfeifenberger für eine Auszeichnung vorschlagen.

10.14 – Stau vor dem Katschbergtunnel. Eingekesselt von ausländischen KFZ sitzen wir in der Falle. Der Gedanke an unsere Kameraden, die sich auf unser Durchkommen verlassen, treibt uns Tränen in die Augen.

11.21 – Ausbruch. In einem unerwarteten Moment brechen wir über den Pannenstreifen aus und kämpfen uns über die Passstraße in das Zielgebiet vor. Blockadeversuche durch rauchende holländische Wohnwägen können uns nicht aufhalten.

12.07 – Befehl ausgeführt. Leider sind wir zu spät. Manche Kameraden sind dermaßen ausgehungert, dass sie die gefrorenen Grießnockerl gleich am Kasernenhof lutschen. Nicht auszudenken, wenn wir es nicht geschafft hätten.

Bundeshymnen-Bausatz

Land der Heimwerker: Basteln Sie sich Ihre eigene Hymne nach Maß.

»Heimat bist du großer Söhne und Töchter« wird es also bald geschlechtsneutral durch die heimischen Fußballstadien schallen. Das ist mir zu halbherzig. Warum nur die großen Töchter? Was ist mit den kleinen? Und überhaupt: Was ist mit den Menschen, die nicht gerade in den Bergen oder am Strome wohnen, die keine Äcker besitzen sondern nur ackern; was mit jenen, die das Wort Dome eher Wassererlebniswelten zuordnen oder jenen, die schon vom Anblick eines Hammers einen geschwollenen Daumen bekommen? Lösung: Jedem seine eigene Hymne, passend zu den jeweiligen Anschauungen und Lebensumständen. Hier ist die Bastelanleitung:

Land der Berge [Hügel / Täler / Becken / Ebenen / Schluchten / Abgründe], Land am Strome [Bache / Flusse / Entlastungsgerinne / Staudamme], Land der Äcker [Wiesen / Auen / Wälder / Gstättn / Pisten / Halden / Schrebergärten], Land der Dome [Marterl / Kirchen / Moscheen / Synagogen / Kult- und Kraftplätze / Kreisverkehre / Einkaufszentren], Land der Hämmer [Beißzangen / Sägen / Schlagbohrer / Winkelschleifer / Schweizermesser / Ärmelschoner / Smartphones], zukunftsreich [vergangenheitstrunken / gegenwartsresistent]! Heimat bist du großer [kleiner / dicker / dünner] Söhne [Töchter / Väter / Mütter / Omas / Leihopas / Erbtanten / Wahlonkel / Schwippschwager / Patchwork-StiefväterInnen], Volk begnadet für das Schöne [Schiache / Unverbindliche / Nette / Geile / Absurde / Volkstümliche], viel gerühmtes [verkanntes / verkitschtes / belächeltes / überschätztes / unterschätztes] Österreich.

»Freiheit für Yvonne!«

Sensationelle Abschiedsbotschaft von entlaufener bayrischer Kuh aufgetaucht.

Liebe Menschen, wenn ihr das lest, werde ich schon tot, in Gefangenschaft oder für immer untergetaucht sein. Dies ist mein Vermächtnis.

Ihr Zweibeiner wisst es doch am besten: Wenn man einmal den prickelnden Geschmack der Freiheit auf der Zunge hatte und mit den Rehen und Hasen durch die unendlichen Weiten der heimischen Wälder gestreift ist, kann man nicht mehr zurück; nicht in einen noch so schönen Laufstall, nicht auf eine Weide, ja nicht einmal auf eine weitläufige Alm. Es tut mir leid.

Euch, lieben mediengewandten Tierschützern, möchte ich recht herzlich für euren Einsatz danken, euch aber auch unmissverständlich sagen: Lasst mich einfach in Ruhe. Ich will, nach allem, was ich erlebt habe, auch nicht in einem Tierparadies enden, wo mich öffentlichkeitssüchtige Ganz-, Halb und Viertelpromis wund streicheln, mir mit ihrem teuren Parfum die Nüstern und mit dem sie umgebenden, unvermeidlichen Blitzlichtgewitter die Augen verderben. Auch das ist nicht die Würde und Freiheit, die ich meine. Geht nach Hause zu euren Kindern und Familien, zu euren Freunden und Nachbarn, die brauchen euch mehr als ich. Wenn ihr helfen wollt, dann helft zuerst Not leidenden Menschen, das wäre auch irgendwie artgerechter, finde ich. Und wenn ihr Tieren wie mir helfen wollt, was ja sehr schön und ehrenhaft ist, dann kämpft gegen Gesetze und Bestimmungen in der Tierhaltung und im Transport. Jeder Beistrich, der dort geändert wird, hilft in der Summe mehr als 10 Tierparadiese.

Liebe Menschen, was ich euch sagen wollte, ist somit gesagt. Ich werde mich jetzt noch tiefer in die Wälder zurückziehen, vielleicht werde ich auch versuchen, mich nach Indien durchzuschlagen. Es lebe die Freiheit! Yvonne.

»Freiheit für Yvonne II – Die Wahrheit«

Überraschende Wendung im Fall der angeblich entlaufenen bayrischen Kuh.

Sehr geehrte Medienvertreter, geschätzte Tierschützer, liebe Leute, wir wollen mit dieser Mitteilung Klarheit in einer Sache schaffen, die seit Wochen die Öffentlichkeit in halb Europa beschäftigt. Es ist nämlich so: Die Kuh Yvonne gibt es nicht und hat es nie gegeben!

Wir, das sind fünf Bauern aus Zangberg, die sich täglich an der Milchsammelstelle treffen und hernach auf ein Weißbier in die Wirtschaft zum Sedlmayr gehen. Dort ist die ganze Geschichte vor ein paar Wochen auch entstanden. Wir haben gefunden, dass im heurigen Sommer einfach zu wenig los ist; kein kühner Braunbär Bruno, kein knuddeliger Weißbär Knut, ja nicht einmal ein schielendes Opossum namens Heidi ist durch den Blätterwald gerauscht. Ein Wort hat das andere ergeben und schließlich hat dann der Blaslbauer die Idee mit der Wildkuh gehabt. Er hat auch seine Resi für die Fotoaufnahmen und als Double zur Verfügung gestellt. Dass dieser Jux solche Wellen schlagen würde, haben wir ja damals noch nicht ahnen können. Am Anfang war die Sache ja auch noch ganz lustig, als aber dann die Tierschützer und mit ihnen die Fernsehkameras und Hubschrauber aufgetaucht sind, ist die Sache völlig aus dem Ruder gelaufen. Im Dorf herrscht seitdem regelrecht ein Belagerungszustand. Wir kommen mit unseren Traktoren nicht mehr auf unsere Felder, und wenn, dann sind die schon zertrampelt oder von Schaulustigen, Journalisten oder mehr oder weniger professionellen Kuhjägern besetzt. So kann das nicht mehr weitergehen.

Wir suchen jetzt fieberhaft nach einem Ausweg und überlegen schon, ob wir nicht heimlich dem Blaslbauern seine Resi in den Wald treiben sollen, damit sie endlich was finden und wieder Ruhe einkehrt bei uns im Dorf.

Die letzte Wallfahrt nach Kitzbühel

Nie mehr Wandern mit Hansi. Das hinterlässt ein tiefes spirituelles Loch. Auch in mir.

Es ist, als hätte man uns Weihnachten weggenommen. Die jährliche Wallfahrt nach Kitzbühel, für die wir schon monatelang gefastet hatten, um sie uns leisten zu können, war immer ein emotionaler und spiritueller Höhepunkt in unserem Jahreskreis. Schon die Anreise mit dem Bus war ein Erlebnis. Mit unseren kostbarsten Schätzen, den persönlich gewidmeten Autogrammkarten, in unseren vor Aufregung und Vorfreude schwitzigen Händen, sangen wir seine Lieder zum Playback aus dem Autoradio; natürlich nicht ganz Lippensynchron, ganz so, wie es eben seine Art ist. Je näher wir ihm kamen, desto inbrünstiger wurden unsere Gesänge, wie himmlische Chöre schallten sie durch den Reisebus, der uns dem Ziel unserer Glückseligkeit immer näher brachte.

Unvergleichlich auch jedes Mal das erhebende Gefühl am Lift, es war, als würde man von dieser schnöden Welt entrückt werden, federleicht über die Wiesen und Wälder geradewegs in den Himmel schweben, immer weiter nach oben, hinauf zu ihm. Dann noch ein paar Schritte von der Bergstation vorbei an den Verkaufsstandln für allerlei sakrale Gegenstände wie mit seinem Antlitz bedruckte und signierte Kaffeehäferl und Nachttöpfe oder kleine, pelzige Schlüsselanhänger in Moonbootform und er stand plötzlich da, gleich einer Lichtgestalt aus Fleisch und Blut auf einem Hügel und breitete seine Arme aus. Sein Lächeln, umrahmt von der wilden, blonden Mähne und der unverfälschten Gebirgslandschaft, überstrahlte sogar noch sein blütenweißes Hemd, den Himmel und die Sonne. Heiler kann diese Welt nicht sein. Und als er dann noch »Griaß enk Leitl'n« in die Menge schmetterte, war es um viele von uns geschehen. Manche warfen ihre Krücken fort, andere wurden von extatischen Weinkrämpfen geschüttelt, wiederum andere jubelten und lobpreisten ihn mit dem Choral »Hansi, schön, dass es dich gibt!«

Und das soll jetzt alles vorbei sein? Zerstört durch verleumderische Gerüchte von finsteren Mächten, die behaupten, er hätte Geld dafür genommen? Geld für eine Fanwanderung? Da könnte man ja auch gleich behaupten, Jesus hätte 30 Silberlinge für die Bergpredigt verlangt. Unvorstellbar! Er hat das alles natürlich nur für uns gemacht, für seine treuen und ergebenen Fans, die in Scharen zu ihm auf den Berg gepilgert sind, um sich die kalte, graue Alltagswelt aus dem Herzen lächeln zu lassen.

Und jetzt? Wo sollen wir hin? Nordic Walking mit Andreas Gabalier am Zirbitzkogel? Aerobic mit Andrea Berg? Kegeln mit den Amigos? Nichts wird mehr sein, wie es war.

»Kirwa« beim Friedrich auf der Glashütt'n

Gelebte, ungekünstelte Volkskultur, bei der einem das Herz aufgeht.

Das »Schafaufbratln« ist eine alte Lungauer Herbsttradition, die »Kirwa« (von Kirchweih) in St. Michael ist eine ganz spezielle Form davon. Jeder der angestammten Wirte außerhalb des Ortszentrums hat seinen eigenen Kirwa-Sonntag, an dem die Leute aus dem ganzen Ort zusammenkommen, um zu essen, zu trinken und zu feiern. Da dies im Oktober und November geschieht, ist dieses Fest fast ausschließlich für die Einheimischen da, was einen großen Unterschied zu touristisch organisierten Brauchtumsfesten macht.

In meinem Ortsteil, der Glashütte, findet es »beim Friedrich« in einer unvergleichlichen Atmosphäre statt. Das historische Gewerkenhaus der Glashütte, das mit Fingerspitzengefühl renoviert wurde, sodass es noch heute eindrucksvoll von seiner Geschichte erzählt, ist schon am späten Vormittag bis in den letzten Winkel gefüllt, was bis in die späten Abendstunden so bleiben wird. Reservierungen gibt es keine, da muss auch der Bürgermeister warten, bis ein Platz frei wird. Serviert wird traditionelles Lungauer »Schepsas« mit mitgebratenen Kartoffeln, das im alten Ofenherd in der Küche zubereitet wird und gelinde gesagt eine kulinarische Offenbarung ist. Vor und nach dem Essen wird geplauscht, gelacht, und Schmäh geführt.

Musiziert wird von Herzblutmusikanten aus der Umgebung, ihr Repertoire aus Volksliedern, Oberkrainermusik und alten Schlagern spiegelt die Vielfalt des Publikums wider. Da gibt es keine Vorschriften, weder was den Musikstil, noch was die Kleidung betrifft. Es ist ganz einfach ein ungezwungenes, ländliches Fest, bei dem die Leute so sind, wie sie sind. Und genau das macht es so besonders. Es ist gelebte, ungekünstelte Volkskultur, bei der einem das Herz aufgeht.

Begnadigte Pedagogen«

Enttäuschter Brief eines am Rechtschreibtest gescheiterten Studienanfängers an der Pädagogischen Hochschule.

Sehr geehrter Herr Direktor S. (Name v. d. Red. geändert)! Mit Erstaunen habe ich die Nachricht erhalten, das ich beim Rechtsschreibtest so schlecht abgeschnitten habe, daß ich jetzt eine Nachschulung machen muss. Das ist ein großer Schock für mich, denn ich habe ja schließlich die Mattura erfolkreich bestanden. Ich war immer ein Anhenger einer konserwativen Schulbolitig und habe deshalb auch das Volxbegehren vom Ambros nicht unterschrieben. Ist das jetzt der Tank dafür?

Ich war auch immer gegen die Gesammtschule, weil was soll den aus diesem Land werden, wenn auch die eine Mattura bekommen, die sich eine Nachhilfe gar nicht leisten können? Wer soll denn einmal die Studiengebüren zahlen, wen lauter Sotzialhilfeempfenger studieren? Da hätte ja unsereiner gar keinen Forteil mehr. Ich komme aus guten Hause, meine Ältern sind beide Ackerdemiker und so war mein Bildungsweg ins Gynasium schon von Geburt an vorgezeichnet. Meine Eltern hätten sich ja nirgents mehr wo säen lassen können, wenn ich eine Leere gemacht hätte. Deshalb sind jahrelang ganze Kollonnen von Nachhifelehrern von meiner Farmilie durchgefütert worden, weil wir uns eigentlich gedacht hetten, dass eine Reiffeprüfung ohne wen und aber zum Studieren quallifiziert. Alles andere wäre ja eine Pangrotterklärung unseres Schulsüsdems. Und jetzt kommen sie daher und schmeißen mir so einen Brügel zwischen die Beine. Wen ich das geahnt hätte, hätte ich immer die Sotzialisten gewällt, oder gar die Grühnen.

Und wenn ich nicht Lehrer werden kann, mache ich hald irgentwas mit Medien oder Marketing auf der Uni, weil die sind da nicht so bingelig. Aber dem Land geht dann ein begnadigter Pedagoge verloren, soviel mus ihnen klar sein.

»Bergweihnacht 2.0«

Was Ex-Hirte Kevin in einer Winternacht so alles erlebt hat. Voll arg, Oida.

Das war voll die fette Story! Der Xaverl, der Rene, der Mascht und ich waren grad auf dem Heimweg vom urcoolen No Snow Show-Opening in St. Event am Trend, wo wir als Liftler arbeiten. Früher waren wir Hirten, aber jetzt gibt's im ganzen Tal ja so gut wie keine Weiden mehr. Und da wir schon die dritte Nacht voll arg partymäßig unterwegs waren, wollten die anderen ein wenig abchillen und ich musste Wache halten, damit uns nicht wieder wer die Snowboards klaut.

Zuerst war eh alles easy, aber dann hat es sich urplötzlich voll abg'spielt, bist du deppert. Da war ein voll stranger Lichteffekt, voll der Hammer, Oida, viel spaciger als alles, was man in der Techno-Szene kennt. Und am End' ist dann auch noch ein endgeiler Flügel-Avatar aus dem Effekt herausg'wachsen und hat über einem fetten Discobeat mit engelsgleicher Stimme so was wie »Follow the Star« g'sungen.

Ich hab gleich die ander'n aufg'weckt. Die haben zuerst g'laubt, dass ich das alles nur träumt oder was Falsches g'nommen hab', aber wie sie dann g'seh'n haben, dass da im Osten echt voll der Stern über dem Streichelzoo neben dem Babylift steht, sind sie doch mit mir mit'gangen. Wie wir hin'kommen sind, hat da aber nur eine abg'rissne ausländische Familie mit ihrem kleinen G'schratz'n übernachtet, im Stroh, zwischen den ganzen Viechern. So wie die ausg'schaut hab'n, hab'n sie sich sicher das Hotel nicht leisten können, die Loser.

Und auf dem Heimweg sind uns dann noch drei so Alis in voll krassem Outfit entgegen'kommen, die haben auch davon gefaselt, dass sie was suchen. Der Mascht hat g'sagt, das sind sicher so Saisonarbeiter auf Jobsuche und hat's zurück zum Hotel Alpenrose g'schickt. Voll arg alles, irgendwie.

Freie Republik Lungoland

Bezirkszusammenlegungen könnten ungeahnte Folgen haben – ein Szenario:

2012: Aufgrund von Sparmaßnahmen werden in der Steiermark Bezirke zusammengelegt. Ähnliche Überlegungen für Salzburg werden dementiert.

2013: Nachdem alle anderen Sparpläne von Interessensvertretungen und Lobbys verhindert wurden, fasst man im Chiemseehof nun doch als letzte und einzige Maßnahme die Zusammenlegung von Lungau und Pongau ins Auge. Man ignoriert die Warnungen von Ethnologen, dass die kulturellen Unterschiede, vor allem die sprachlichen, einfach zu groß sind, und beschließt das Vorhaben gegen die wütenden Proteste der Bevölkerung.

2014: Bei einer Volksversammlung am Mitterberg sagen sich die Lungauer mit überwältigender Mehrheit von Salzburg los und rufen die Freie Republik Lungoland aus. Nordkorea, der Iran und das Scheuchtum Kärnten erkennen den neuen Staat umgehend an. Die grenznahen Bettenburgen in Obertauern werden zu Befestigungsanlagen umfunktioniert, in denen Lungauer Schützenkompanien Stellung beziehen.

2015: Ein Angriff des nach der Heeresreform unter Verteidigungsminister Peter Pilz völlig ausgehungerten Bundesheeres wird von Lungauer Eliteeinheiten, bestehend aus Samsons, Zwergerln und Kasmandln, erfolgreich zurückgeschlagen.

2016: Auch ein Wirtschaftsembargo schlägt fehl, da sich der Lungau mit Ächtleng, Tauernroggen, Schöpsernem und Rahmkoch selbst versorgen kann.

2017: Geschickte Verhandlungen mit der EU über die Autobahnmaut und vor allem die Positionierung als Steueroase schaffen Wohlstand und machen den Lungo zu einer stabilen Währung.

2019: Dem Lungau wird bei einer Wiedervereinigung weitreichende Autonomie angeboten. Eine Volksabstimmung darüber wird für 2020 anberaumt, deren Ausgang ist allerdings äußerst ungewiss.

Bauernherbst kann nur der Anfang sein

Perspektiven des ländlichen Tourismus.

Sehr geehrte Damen und Herren, liebe Tourismusfunktionäre der Salzburger Landgemeinden!

Ich möchte euch in meiner Funktion als Ehrenobmann zur Jahreshauptversammlung des Dachverbandes der Urigen und Rustikalen im Salzburger Tourismus, kurz DURST, aufs Herzlichste willkommen heißen.

Ganz besonders begrüßen möchte ich unsere Ehrengäste: Kommerzialrat Schwarzenbichler von der Wirtschaftskammer als Schirmherr, Ökonomierat Gschaftlhuber von der Hoteliersvereinigung für die Betreiber der maßgeblichen heimischen Tourismusbetriebe sowie Direktor Wuchinger von der Bankenvereinigung als de facto-Besitzer von 85 % derselben. Und ganz besonders natürlich unseren Franz Klammer in seiner herausragenden Funktion als ... Franz Klammer.

Ich möchte aber nun gleich zu unserem heutigen Thema überleiten, welches lautet: »Bauernherbst kann nur der Anfang sein – Perspektiven des ländlichen Tourismus durch saisonverlängernde Maßnahmen und zielgruppenorientierte Angebote«.

Liebe Freinde!*

Der durchschlagende Erfolg der Marke Bauernherbst und die dadurch erzielte faktische Saisonverlängerung kann im Endeffekt nicht darüber hinwegtäuschen, dass im touristischen Jahreskreis immer noch große Lücken klaffen, die zeitnah zu schließen es gilt. Wenn wir demographischen und soziologischen Entwicklungen in unserer Gesellschaft mit gezielten Angeboten Rechnung tragen, können wir diese Lücken mit neuem, frischem und bisher ungenütztem Gästematerial füllen, wenn sie mir erlauben, das so salopp zu formulieren. Für die praktische Umsetzung dieses Vorhabens möchte ich verschiedene Strategien darlegen und anschließend zur Diskussion stellen.

Strategie 1: Demographische Entwicklungen und daraus resultierende touristische Perspektiven

Liebe Freinde, wir werden immer älter, vor allen die Frauen unter uns. In den höheren 70-ern und 80-ern sind wir schon fast völlig verweiblicht, eine Tatsache, die auch am Touristiker nicht spurlos vorübergehen kann. Ältere, alleinstehende Frauen sind eine in ihrem Potenzial enorm unterschätzte touristische Zielgruppe, die ausgenutzt werden muss, solange dies noch möglich ist. Man könnte sie zum Beispiel dazu verwenden, um das sich an den erfolgreichen Bauernherbst ab Ende Oktober anschließende touristische Vakuum zu befüllen, und zwar mit der landesweiten Aktion des »Witwen-November«, welcher durch folgende Merkmale gekennzeichnet sein sollte:

1. Ausweitung der zu Allerheiligen entstandenen dörflichen Trauerstimmung auf den gesamten November
2. Trauerbeflaggung aller öffentlichen und touristischen Einrichtungen sowie Bekränzung der Ortseinfahrten bzw. Trauerbeflorung der örtlichen Hinweisschilder
3. Ersetzen der gängigen dörflichen Begrüßungsformeln »Grüß Gott« oder »Griaß di« durch »Beileid« oder leises aber bestimmtes Seufzen mit gesenktem Haupt und mitfühlendem Blick
4. Schaffung von entsprechenden themenbezogenen Kultur- und Freizeitangeboten wie Partezettelbörsen, Trauermodenschauen oder Erbschafts-Bingo
5. Bereitstellung von gepflegten, rüstigen, zuvorkommenden aber nicht aufdringlichen, also: distinguierten Herren fortgeschrittenen Alters für die Funktion der sogenannten Friedhofsschatten, denn, liebe Freinde, der moderne Tourismus darf nichts unversucht lassen, um die Übernachtungszahlen weiter zu steigern, und alleine die Möglichkeit, dass das ewige Licht der Leidenschaft auch in vielen unserer älteren und alleinstehenden Mitmenschinnen noch lodert, könnte uns durchaus zum wirtschaftlichen Vorteil gereichen

Vorauseilende Berechnungen der Wirtschaftskammer haben ergeben, dass die flächendeckende Einführung des Witwen-November die Auslastung unserer Beherbergungsbetriebe im Jahresschnitt um 4,75 Prozent steigern würde.

Strategie 2: Neue gesellschaftliche Strömungen und Orientierungen als Chance für den heimischen Tourismus

Liebe Freinde, die Zeiten verfliegen in rasendem Tempo und ändern sich auch gewaltig. Der heimische Tourismus muss aufgeschlossen und effizient reagieren, will er nicht von diesen Entwicklungen abgekoppelt werden. Dass sich gleichgeschlechtliche Menschen in der heutigen Zeit nicht mehr verstecken sondern mit Stolz öffentlich hinausouten, eröffnet auch dem heimischen Tourismus eine gewaltige Chance, eine traditionell buchungsarme Lücke im Frühsommer zu schließen. International steigende Beachtung findende Veranstaltungen wie der Lifeball in Wien oder einschlägige Symbolfiguren wie unsere weltweit bekannte Wurst, liebe Freinde, rücken unser Land jährlich in das Blickfeld dieser stetig wachsenden touristischen Zielgruppe und es liegt nun alleine an uns, dieses riesige Potential, das quasi am anderen Ufer für uns bereitsteht, gezielt auszuschöpfen, und zwar unter der Dachmarke »Homoerotischer Juni«, eventuell erweiterbar durch den »Gay May«, denkbar wäre auch der »Schwuli Juli«. Folgende verbindliche Richtlinien für den ländlichen Tourismus wären in diesem Zusammenhang durchaus denkbar:

1. Tägliche, themenbezogene Modeschauen der heimischen Trachtenvereine unter dem Motto: »Dirndlgwand mit Lack und Leder trägt bei uns heut fast schon jeder!«
2. Duchführung von regelmäßigen Cross-Dressing-Happenings, also öffentliches Auftreten von Männern in Frauenkleidern und umgekehrt, einer latent homoerotischen Spielart, die bei der hiesigen Landbevölkerung im Zusammenhang mit Faschingsumzügen, Verspängfeiern oder verschiedenen anderen volkskulturellen Praktiken ohnehin nicht unbekannt, sondern weit verbreitet und vor allem bei gestandenen Männern äußerst beliebt ist

3. Geführte Ausflüge zu Brauchtumsveranstaltungen mit versteckten Phallussymbolen wie Prangstangen, Samson oder Prangerstutzen
4. Wöchentliche »Gay Parades«, also homoerotische Wandertage an den zahlreichen örtlichen Kreisverkehren, wobei hier bei ausschweifenderen Formen dem Wort Kreisverkehr eventuell auch eine neue, ungeahnte Bedeutung zukommen würde.
5. Allabendliche Blasmusik in den Parks und Gärten der Ortschaften
6. Schmink- und Stylingkurse für die heimischen Schützenkompanien, Ergänzen der einschlägigen Orden auf den Uniformen durch rote Schleifen und den offiziellen Aufstecker mit dem Titel »Orginell – traditionell – homosexuell«

Liebe Freinde, die Möglichkeiten sind schier gar unerschöpflich und es würde selbst meinen Rahmen sprengen, weiter ins Detail hinein zu gehen. Abschließend möchte ich nur noch kurz einige weitere denkbare touristische Ergänzungen zum Bauernherbst anreißen: Den »Leber-Feber« mit Regenerationsangeboten für die in der Hütten- und Schirmbarsaison geschädigten Organe und deren Träger, »Ostern in Klostern« für unsere hinterbliebene religiöse Minderheit, den »Frust-August« für den depressiv verstimmten Pädagogen sowie abschließend die »Taliban-Woch im Jännerloch« mit folgenden speziell auf die Zielgruppe zugeschnittenen Angeboten:

1. Alkoholfreie Schirmbars
2. Frauen in Dirndl-Burkas
3. Jodel-Imams auf den Kirchtürmen,
4. Und auf besonderen Wunsch und gegen Aufpreis auch geführte Selbstmordattentate im Gemeindesteinbruch

Selbstredend werden jetzt natürlich wieder die unvermeidlichen Gutmenschen auf den Plan treten und die Frage nach den moralischen Grenzen derartiger Angebote stellen und ich sage euch laut und deutlich: Diese Grenzen gibt es nicht! Dass die heimische Tourismuswirtschaft absolut keine Tabus kennt, hat sie schon bei vielen Gelegenheiten in der Vergangenheit bewiesen und so werden wir uns auch diesmal nicht von den ewigen wirtschaftsfeindlichen und linkslinken Nörglern, Neinsagern und Miesmachern aufhalten lassen und unser Land in eine neue terror … tourror … ristische Dimension führen, die sich gewaschen hat.

In diesem Sinne, liebe Freinde, möchte ich mit einer alten Volksweisheit unserer Heimat enden: Scheiß da nix, dann feit da nix! Es gibt viel zu scheffeln, sacken wir's ein!

* Die Anrede »Freinde« weist im ländlichen Sprachgebrauch keinesfalls auf persönliche, freundschaftliche Verbundenheit hin, wie die Ähnlichkeit mit dem Wort »Freunde« andeutet, sondern wird gemeinhin von den Mitgliedern einer ausnahmslos wirtschaftliche Belange betreffenden Zweckgemeinschaft verwendet und kann durchaus als euphemistisches Synonym für Bezeichnungen wie »Komplizen« oder »Konsorten« gesehen werden.

Versunkene Lebenswelten: Das Dorf

Bericht von einer Exkursion in das Salzburger Freilichtmuseum 2040.

Gestern haben wir im Rahmen unseres Geschichteprojekts »Versunkene Lebenswelten« ein Freilichtmuseum besucht. Das war sehr interessant, weil dort steht noch eine Siedlung aus dem letzten Jahrtausend, ein sogenanntes »Dorf«.

Diese Dörfer waren früher über das ganze Land verstreut, denn auch dort, wo sich heute die große Erholungszone mit den riesigen Freizeitanlagen und Wellnessarealen befindet, also südlich des Pass Lueg, haben damals noch das ganze Jahr über Menschen gelebt. Ihre Siedlungen bestanden aus einzelnen Häusern, so etwas wie die Megakomplexe rund um die Stadt, in denen wir heute alle wohnen und arbeiten, kannte man damals noch nicht. Die wurden alle erst ab 2020 gebaut, nach der Errichtung der Klarsichtkuppel über dem Weltkulturerbe.

In Dörfern, haben wir gelernt, hatten einzelne Häuser ihre eigene Aufgabe. In einem wurde zum Beispiel Brot gebacken, das nannte man dann Bäckerei. Es gab aber auch Gasthäuser, Fleischhauereien, Geschäfte, Handwerksbetriebe, Bauernhäuser und sogar eine Post, über deren genaue Funktion aber nicht einmal unser Museumsführer Bescheid wusste. Auch das Sozialverhalten der Dorfmenschen war völlig anders als unser heutiges. Sie schlossen sich zum Beispiel zu Gruppen zusammen, sogenannten Vereinen, in denen sie gemeinsame Aktivitäten unternahmen oder sich sogar gegenseitig halfen, freiwillig und ohne Bezahlung – aus heutiger Sicht völlig unvorstellbar.

Man kann es zwar kaum glauben, dass Menschen bei uns einmal so gelebt haben, aber wenn man zwischen den putzigen Häusern steht, überkommt einen irgendwie das Gefühl, dass es vielleicht sogar ganz nett und gemütlich war, das Leben in so einem historischen Dorf am Ende des 20. Jahrhunderts.

Neues Selbstbewusstsein hinter'm Tauern

Bewegungen wie die »Plattform Lebensader Mur« lösen die leeren Versprechen alter Klischees ein.

Wir Lungauer pflegen, wie die meisten Innergebirgler, gerne das Klischee der knorrigen Widerständler, die sich von der Obrigkeit »da draußen« nichts vorschreiben, aufzwingen oder wegnehmen lassen. Leider war die Realität bis bisher eine völlig andere.

Denn wenn es wirklich Ernst geworden ist, haben wir nach kurzem Murren so gut wie immer den Schwanz eingezogen und zu allem ja und amen gesagt. Auch die meisten unserer Politiker sind nach ein paar heimatschwangeren Sonntagsreden regelmäßig eingeknickt und haben sich am Ende der jeweiligen Parteilinie unterworfen. Ober sticht halt Unter. Und die wenigen Aktivisten, die auch dann noch für ihre Überzeugung eingestanden sind, wurden als Querulanten und Spinner abgestempelt.

Das hat sich nun geändert. Viele Leute hinter'm Tauern, darunter auch sehr viele junge, haben erkannt, dass die vielgerühmte Heimatliebe nicht bloßes, mit Brauchtum verbrämtes Lippenbekenntnis sein kann, sondern konkrete Taten einfordert. Und sie handeln auch danach. Sie nutzen alle verfügbaren Kanäle und Medien, um ihrer Meinung Nachdruck zu verleihen und (Selbst-)Bewusstsein zu schaffen – und haben Erfolg damit.

Was zum Beispiel die »Plattform Lebensader Mur« in wenigen Wochen erreicht hat, ist mehr als bemerkenswert. Aus einem kleinen Grüppchen ist eine breite Bewegung geworden, die man nicht mehr übersehen und vor allem nicht mehr übergehen kann. Und das lässt einen hoffen. Denn wenn wir Innergebirgler jetzt nicht Widerstand leisten, dann landen wir am Abstellgleis. Dann wird uns scheibchenweise die gesamte Infrastruktur entzogen – zur Zeit sind die Gerichte dran – und am Ende auch noch das Wasser abgegraben werden, und zwar nicht nur sprichwörtlich.

Fortschreitende Dorfentkernung

Die Erscheinungsform unserer Dörfer ist Spiegelbild unseres gegenwärtigen Lebens.

Spät aber doch macht sich nun anscheinend die Erkenntnis breit: Wir haben unsere Dörfer entkernt. Vieles von dem, was früher funktionierende Dörfer ausmachte, wurde in den letzten Jahrzehnten zugesperrt, abgesiedelt oder hinaus an die Umfahrungen

verlegt und dort in Billigbetonwürfel mit leuchtenden Firmenlogos gesteckt. Die meisten Ortskerne haben ihre Funktion als gesellschaftliche und wirtschaftliche Zentren verloren.

Und jetzt suchen wir Schuldige für das Desaster vielerorts. Für die einen sind die Politiker schuld, für die anderen die Architekten oder die Raumplaner oder gleich alle zusammen. Die Frage nach den Schuldigen ist aber müßig, denn die Erscheinungsform unserer Dörfer ist ganz einfach Spiegelbild unseres gegenwärtigen Lebens. Was uns heute wichtig ist, vor allem Konsum, möglichst flächendeckend und billig, und die Verehrung unseres zentralen Götzenbildes Automobil, spiegelt sich an den Ortsrändern wider. Und die verwaisten Ortskerne sind das Symbol für das, was wir dafür opfern oder schon geopfert haben: Gemeinschaft, Solidarität und das menschliche Maß.

Und solange sich das nicht ändert, werden sich auch unsere Dörfer nicht mehr ändern, egal, welche Vorschriften es geben sollte. Wie sollen denn die überhaupt ausschauen? Sollen wir die Endlosketten an Bau- und Supermärkten, Autohändlern, Tankstellen und ähnlichen Konsumbaracken hinter volkstümlichen Architekturhüllen verstecken – vor denen wir dann stehen, in Dirndl und Lederhosen, die in China gefertigt wurden, damit sie billig genug für den Massentrend sein können?

Es mag uns gefallen oder nicht: Was wir sehen, sind wir selber, denn das, was mit unseren Dörfern passiert ist, ist auch mit uns passiert.

»Echte« Volkskultur, powered by ...

Hören wir schon bald den Activia Dirndldreigsang mit dem Telering Jodler?

Habe ich da etwa die Zukunft der Volkskultur gesehen, als ich neulich durch den Lungau fuhr? Gleich mehrere von Werbetafeln und Firmenlogos umrahmte »traditionelle« Osterfeuer stachen mir ins verdutzte Auge. An die mobilen Massenabfüllstationen der Brauereien neben den zehn Meter langen Bars und die Verstärkerboxen samt gnadenloser Beschallung bei vielen dieser Veranstaltungen hat man sich in den letzten Jahren mehr oder weniger gewöhnen müssen – oder auch nicht, man ging dann halt einfach nicht mehr hin. Nun scheint die Zeit aber offensichtlich reif für den nächsten Schritt zu sein: Volkskultur als Event und Werbefläche für Sponsoren.

Eigentlich ist das ein logischer Schritt. Kulturförderung wird immer mehr zur Sponsorensache und das kann auch an der Volkskultur nicht spurlos vorübergehen. Meldungen aus dem Brauchtumsbereich werden in Zukunft wahrscheinlich so oder so ähnlich lauten: Beim Perlweiß Gstanzlsängertreffen in der Heineken Halle begeisterten die Kukident 3 Phasen Pascher aus dem Salzkammergut das Publikum. Die vom neuen Sponsor Milka gestifteten Uniformen der Bürgermusik wurden farblich an die Werbelinie der Firma angepasst und erstrahlen nun in Gold und Lila. Beim Red Bull Amselsingen erfreute der Activia Dirndldreigsang mit dem Telering Jodler die zahlreichen Zuhörer. Gucci Gois IV konnte sich beim International McDonald Outletcenter Meeting (ehemals Rupertigauschnalzen) knapp gegen Suzuki Swift Siezenheim III durchsetzen.

Ob ich das ernst meine? Na ja, vor nicht allzu langer Zeit waren mit Firmenlogos zugepflasterte Sportskanonen, die als mobile Werbeträger durch die Gegend und über die Bildschirme hüpfen, auch noch nahezu undenkbar.

Costa Titanica

Das Schiff als Sinnbild für das menschliche Zusammenleben ist noch immer aktuell.

Der Ozeanriese gleitet majestätisch über die ruhige See, dem Sonnenuntergang entgegen. Auf dem obersten Deck versuchen Auserwählte vergeblich, auch nur Bruchteile ihrer Boni im Casino durchzubringen, darunter liegen die Wohlsituierten auf weißen Liegestühlen in der Sonne und genießen die milde Brise.

Knapp über der Wasserlinie stehen die Normalverbraucher in langen Schlangen am All-Inclusive-Buffet. Sie haben ihr sauer verdientes Erspartes in eine Fankreuzfahrt mit ihrem Lieblingsstar gesteckt, weil sie einmal im Leben auf der anderen Seite des Bildschirms sein wollten, auf dem Traumschiff und ihrem Liebling ganz nah. Der logiert zwar ein paar Decks höher, am Abend wird er aber ein Konzert im Ballsaal geben, nur für seine Freunde, wie er sie nennt. Ganz unten im riesigen Schiffsrumpf hausen Hunderte von Menschen wie Sklaven auf engstem Raum. Sie kommen aus jenen Gebieten der exotischen Reiseziele, die nie am Programm der Tagesausflüge stehen, und schuften für Hungerlöhne in 18-Stunden-Schichten unermüdlich, damit es allen über ihnen gut gehen kann.

Der Kapitän hat es sich mit einem blinden Passagier gemütlich gemacht und in der Offiziersmesse fließt Single Malt in Strömen. Draußen auf hoher See winken drei Schiffbrüchige verzweifelt. Sie werden von einigen Reisenden gefilmt, sonst passiert aber nichts und so verschwinden sie bald wieder am Horizont.

Ein riesiger Eisberg hat sich, wohl wegen des Klimawandels, von einer der Polkappen gelöst und kreuzt auf seiner Reise Richtung Äquator auch den Kurs der Costa Titanica. Laut Experten besteht allerdings keinerlei Gefahr, denn Traumschiffe sind seit ziemlich genau einhundert Jahren unsinkbar, wie sie nachdrücklich versichern.

Ein Poller spricht Klartext

Ein Exklusivinterview mit dem Buhmann der Salzburger Altstadt.

Hartmut »Iron Man« Poller, 36, hat ein bewegtes Leben hinter sich. Nach einer abgebrochenen Metzgerlehre verdingte er sich jahrelang als Türsteher und landete wegen Körperverletzung und Sachbeschädigung mehrmals hinter Gittern. Im Rahmen eines Resozialisierungsprogrammes absolviert er gerade einen sozialen Crash-Test als Fußgängerzonen-Security. Wir haben ihn zu den letzten Vorfällen persönlich befragt.

SN: Herr Poller, wie geht es Ihnen?

P: Na ja, eigentlich muas i dem Padutsch Schani ja dankbar sein, aba a Oaschhack'n is des trotzdem.

SN: Inwiefern?

P: Als Poller bist halt allweil da Blede. Jeda schnauzt di an und de meist'n glaub'n, si könnan di austricks'n. Aba ned mit mir. Wann mir ana deppert kummt, dann gibt's z'erst an klan Tupfa auf di Stoßstang und wann des nix nutzt, dann gibt's a G'streckte in di Ölwann, da kenn i nix. G'lernt is halt g'lernt.

SN: Aber es gab doch auch einen Vorfall mit einem Fiaker, oder?

P: Ja, eh, aba dass i mi nur g'wehrt hab, weil mir der Gulasch-Haflinger grad auf'n Kopf scheiß'n wollt, davon hat kana gschrieb'n. I bin ja ned da Schweinderlstreichler vom Eitabichl.

SN: Und der Zusammenstoß mit dem deutschen Urlauber?

P: Des war eher lustig. Da hab i fast gar nix g'macht. I hab nur kurz antäuscht und dann hat eahm sei eigener Airbag k.o. g'schlag'n, ehrlich.

SN: Eine letzte Frage: Der Verkehrsstadtrat will Sie im Sommer auch zur Überwachung der geplanten Altstadtsperre einsetzen. Was sagen Sie dazu?

P: Na, aba sicha ned. Vor's Neutor kann a si selba hinstell'n, da Schani. Da geh i liaba wieda z'ruck in Häf'n und reiß de letzt'n zwa Jahr d'rinnen aba.

SN: Danke für das offene Gespräch.

Platter geht's nimmer …

Wie der Tiroler Landeshauptmann seine Weltoffenheit dokumentieren wollte.

Günther Platter legte einen gepflegten Bauchfleck in den Fettnapf hin, indem er den dunkelhäutigen österreichischen Fußballer des Jahres, David Alaba, auf Englisch begrüßte. Hier das gesamte Gespräch:

P: How do you do with the Fußballschuh?

A: Danke, sehr gut. Sie können aber getrost deutsch mit mir sprechen, ich bin Österreicher und der in diesem Land gebräuchlichen Sprache durchaus mächtig.

P: What is? Ja, leck mich am Arsch, des hätt i ma nit denckt. Na ja, ich red eh a so eine Art Deitsch, mit a bissl an Ackzent halt und oana recht orginellen Grammatick. Mit der Begriaßung auf Ausländisch wollt i ja nur mei grenznlose Weltoffenheit dockumentiern, hascht mi? Weil von die Politicka in Öschtreich redt neamands so guat Ausländisch wia r i. Da Gorbach Hubert und die Finanzminischterin Mizzi habn sogar exschtra an Sprachckursch bei mir gmacht, seitdem reds noch per Fekter wia vorher.

A: Im ersten Moment entstand allerdings der Eindruck, dass Sie mit dem weit verbreiteten Vorurteil behaftet sind, wonach Menschen mit dunkler Hautfarbe die Verständigung in deutscher Sprache grundsätzlich schwer fällt.

P: Ah, woher denn. Warum soll denn grad i als Tiroler was gegn Schwarze habn? I bin ja selber oana, i da Wolle gefärbt, wia ma so schean sagt. I war schon Obmann vom ÖAAB, also vom Schwarzarbeiterbund und als junger Hupfer war i in Imscht und Landeck sogar bei die Schantineg…, also bei die Schendarmen, moan i.

A: Das erklärt natürlich vieles.

P: Ja genau. Bischt a suppa Bursch du. Woascht was? Kimmscht amal zu mir auf Besuach und dann lass ma uns von an Großkopfertn zum Jagern einladn. Was knallst n gern ab? Schwarzwild? Hahaha, guata Witz – oda nit?

Es gilt die Ungustlvermutung

Wie ein zentrales Prinzip des Rechtsstaats zunehmend zur Farce verkommt.

Die Unschuldsvermutung, eines der zentralen Prinzipien unseres Rechts, besagt, dass jede Person bis zu ihrer rechtskräftigen Verurteilung als unschuldig gilt. Soweit – so gut. Was einen allerdings stutzig macht, ist, dass dieser Begriff mittlerweile fast täglich im Zusammenhang mit ehemaligen oder noch amtierenden Politikern und deren Umfeld verwendet werden muss.

HE ERNSTL, ZWA TSCHICK FIA AN PLAYBOY - HA?

Skandale wie BUWOG, Telekom, Blaulichtfunk, Eurofighter-Deal und ähnliche Sumpfgebiete zeichnen ein düsteres Sittenbild der politischen Landschaft und sind womöglich nur die Spitze des Eisbergs. Es tauchen immer wieder dieselben Personen auf, die sich offensichtlich skrupellos an diesem Staat bedient haben und sich jetzt mit allen Mitteln verteidigen; durch Verzögern, Verschleiern, Vertuschen und allerlei juristische Winkelzüge. Aber im Rechtsstaat gilt natürlich auch für sie die Unschuldsvermutung.

Manchmal hat man aber das ungute Gefühl, dass bei diesen Ermittlungen gar nichts herauskommen kann und soll, dass der Justiz ganz einfach die Mittel und Ressourcen fehlen, um entsprechend aufzuklären. Und immer öfter beschleicht einen der Verdacht, dass das nicht zufällig so ist, sondern ganz genau so sein soll – Stichwort: Eisberg.

Vielleicht sollte man deshalb das juristische Vokabular in diesem Bereich einfach ein wenig erweitern. »Unfähigkeitsvermutung« oder »Untätigkeitsvermutung« würden sich anbieten. Auch »Unglaublichkeitsvermutung« oder »Unvereinbarkeitsvermutung« wären Optionen. In den meisten Fällen würde aber wohl der simple Terminus »Unverschämtheitsvermutung« den Sachverhalt am besten beschreiben; und in gar nicht so wenigen Fällen wäre auch die Bezeichnung »Ungustlvermutung« durchaus angebracht.

Massentouristische Monokultur als einziger Weg?

Gedanken bei einer morgendlichen Lungaurunde auf dem Fahrrad.

Durch den Lungau radelnd, bekommt man Eindrücke geboten, die sich Touristiker anderswo höchstens noch im Grafikprogramm zusammenbasteln können. Er zählt nämlich zu den wenigen Gebieten im Innergebirg, dessen Natur- und Kulturlandschaften auch in Siedlungsnähe großteils noch unverschandelt sind. Das ermöglicht weite Blicke über ganze Täler, die nicht durch architektonisch-technisch-touristische Grauslichkeiten entwertet werden. Und das ist nicht nur schön und erbauend, sondern wertvollstes Zukunftskapital, das wir hüten müssen wie unseren Augapfel. Es gibt nämlich auch hier Bestrebungen, in Richtung Massentourismus aufzurüsten, was fatal wäre. Erstens würden wir dann wieder einmal anderen hinterherhecheln, und zweitens stellt sich die Frage, ob die massentouristische Monokultur überhaupt das einlöst, was sie verspricht. Schafft sie jene Arbeitsplätze, die wir wollen? Und warum bitte liegen ausgerechnet die beiden Bezirke mit den touristischen Hochburgen beim Durchschnittseinkommen noch hinter dem Lungau?

Ich will hier nicht gegen den Tourismus argumentieren, er ist eine tragende Säule der Wirtschaft. Aber muss er immer nach Schema F funktionieren? Könnte man nicht dort, wo es noch möglich ist, einmal versuchen, andere Wege zu gehen? Der Biosphärenpark wäre eine Plattform, um den Lungau als Marke für nachhaltiges Wirtschaften zu etablieren, die zugleich touristisches Aushängeschild und Anziehungspunkt für Betriebe aus anderen Branchen sein könnte. Dazu braucht es allerdings Mut, Ideen, Konzepte und vor allem Zusammenarbeit.

Leichter ist es natürlich, ausgetrampelte Pfade zu benutzen, und so wird es wohl leider auch geschehen – aber träumen wird man ja wohl noch dürfen.

Lass stecken, Onkel Frank!

Pensionierte Milliardäre als politischer Machtfaktor? Nein danke.

Nie hätte ich gedacht, dass ich einmal Mitleid mit dir haben würde. Aber als ich dich neulich in der ZiB2 gesehen habe, ist es passiert. Du musst ziemlich einsam sein. So einsam, dass du niemanden mehr hast, der ehrlich oder mutig genug ist, dir zu sagen, dass du gerade zur Lachnummer der Nation verkommst.

Als du vor gut 20 Jahren aus Amerika zurückgekommen bist, da haben wir dich bewundert. Als du gesagt hast, dass du dein Geld in und für Österreich investieren willst, da haben wir uns gefreut. Aber dann hast du begonnen, überall mitzumischen. Du wolltest zum Beispiel unbedingt den Österreichischen Fußball retten. In 10 Jahren, hast du gesagt, würden wir um den Weltmeistertitel mitspielen. Das war vor etwa fünfzehn Jahren. Eigentlich hast du alle Projekte, die nicht mit deinem Kerngeschäft zu tun hatten, gegen die Wand gefahren. Und jetzt willst du in die Politik gehen und gleich das ganze Land retten? Bitte nicht, Onkel Frank, es wäre wirklich schade darum. Weißt du noch, welche Politiker du früher als Berater in deine Firma geholt hast? Sagen dir die Namen Grasser und Westenthaler noch etwas? Ja? Außerdem wirkt es schon ein wenig komisch, dass ausgerechnet du als selbsternannter Retter Österreichs dein Geld in der Schweiz bunkerst. Ich glaube dir sogar, dass du es ehrlich meinst, aber denk einfach an das alte Sprichwort und bleib bei deinen Zierleisten, uns und dir selbst zuliebe.

Es mag in diesem Land vieles nicht in Ordnung sein, aber eines brauchen wir ganz sicher nicht: Pensionierte Milliardäre, die mit ihrem Geld und kruden Ideen Politik machen. Der teils absurde Vorwahlkampf in den USA sollte uns abschreckendes Beispiel genug sein. Also: Lass stecken, Onkel Frank.

Gegengift zum Heimatkitsch

Kultur am Land leistet wichtige Beiträge zu einer realitätsbezogenen Identitätsfindung.

Nach dem Schlussbild ist es mucksmäuschenstill, erst dann hebt Applaus an, kein Bierzeltapplaus mit Gejohle, sondern ein langer, wertschätzender Applaus eines beeindruckten Publikums – beeindruckt vom Stück »Tannöd« der Lungauer Theatergruppe Mokrit.
Das Stück, das auf einem wahren Kriminalfall im bäuerlichen Milieu der 1920-er-Jahre beruht, macht es dem Publikum nicht leicht. Es bringt vieles auf die Bühne, was möglich wird, wenn Macht so unkontrolliert ausgeübt werden kann, wie auf einem abgelegenen Bauernhof in der anscheinend so guten alten Zeit: versteckte und offene Gewalt, Unterdrückung von Frauen und Untergebenen, Missbrauch bis hin zur Inzucht – alles unter den Teppich gekehrt und überlagert von beschwörenden Gebetsfloskeln. Das wühlt einen auf, auch, weil man spürt, wie gegenwärtig das alles ist. Aktuelle Schlagzeilen schwingen ständig mit. Dadurch ist dieses Stück auch wirkungsvolles Gegengift gegen die Überdosis an Heimat- und Brauchtumskitsch, die uns unaufhörlich verabreicht wird, in Form von gut gemeinten, aber manchmal erschreckend naiven Bauernherbstaktionen, glattpolierten Tourismusklischees oder eiskalt kalkulierter volkstümlicher Gehirnwäsche.
»Tannöd« berührt tief und ist zum Glück kein Einzelfall. Es ist eine von vielen künstlerischen Äußerungen am Land, die die geschönte Nabelschau unterlaufen. Es gibt engagierte Theaterleute, Fotografen, Autoren, Ausstellungsmacher und Musiker, die nicht den einfachen Weg gehen und sich billigen Applaus holen, sondern Land und Leute in allen, auch in ihren unangenehmen Facetten, reflektieren und so wichtige Beiträge zu einer realitätsbezogen Identitätsfindung leisten. Das ist Volkskultur im besten Sinne.

Machthaber(er) und Nestbeschmutzer

Was uns Kärnten lehrt: Kritik ist für die Heimat wichtig, blinde Schwärmerei gefährlich.

Oft werde ich von Menschen angesprochen und gefragt, warum man denn immer alles kritisieren muss, obwohl unsere Heimat doch so wunderschön ist und es uns allen so gut geht. Die Antwort darauf ist eigentlich ganz einfach. Gerade weil wir in der privilegierten Lage sind, in vergleichsweise intakter Natur, Wohlstand und Demokratie leben zu dürfen, sind wir verpflichtet, alles zu tun, um das zu erhalten und im Idealfall noch zu verbessern. Grundvoraussetzung dafür ist eine kritische Öffentlichkeit, die ständig hinterfragt und kontrolliert.

Was passiert, wenn dieser Kontrollmechanismus versagt, kann man am Beispiel Kärnten sehen. Dort haben es ausgebuffte Machthaber(er) geschafft, den gefühlsbetonten Begriff Heimat zu besetzen und quasi als ident mit der Heimat angesehen zu werden. Jede Kritik an ihnen war plötzlich zugleich auch Kritik an der Heimat. Menschen, die es wagten, sie oder durch sie verursachte Missstände zu kritisieren, standen plötzlich als Nestbeschmutzer da und wurden so mundtot gemacht. Oberflächlich war alles eitel Wonne und Sonnenschein, »Karnt'n lei ans« und unter diesem Schutzmantel blühten Freunderlwirtschaft und Korruption. Das Land wurde dabei systematisch ausgeplündert und abgewirtschaftet, wie jetzt nach und nach ans Tageslicht kommt. Um Derartiges zu verhindern, ist konstruktive Kritik für unser Land, unsere Heimat, unsere Art zu leben, ungleich wichtiger als blinde Schwärmerei.

Gemütlicher ist es natürlich, im warmen Strom diffuser Heimatgefühle mitzuschwimmen und alle Stromschnellen so lange zu ignorieren, bis man im eiskalten Strudel der Realität aufwacht – und (jetzt hoffentlich endlich) erkennt, wer die wahren Nestbeschmutzer waren und sind.

Herr & Hund

Sehr geehrte Damen und Herren, liebe Hundefreunde,

ich möchte Sie zu meinem kurzen Vortrag »Mensch und Hund – eine in gemeinsamer Evolution und gegenseitiger Domestikation gewachsene Symbiose« hier beim Vorbereitungs-Schnupperkurs für zukünftige Hundehalterinnen und -halter aufs Herzlichste begrüßen.

Zu meiner Person: Mein Name ist Dr. Adolf Dobermann-Schäfernigg von der zoologischen Abteilung der Landestierklinik in Klagenfurt, mein Fachbereich ist die Verhaltensforschung, mein Spezialgebiet ist die wechselseitige Prägung von Mensch und Hund.

Der Hund ist ja, wie wir wissen, der älteste Partner des Menschen aus dem Tierreich, wenn man kleinere Mitbewohner wie Flöhe, Wanzen und Würmer außer Acht lässt. Schon seit 50.000 Jahren existiert diese erfolgreiche Zusammenarbeit und bis heute ist der Hund wichtiger Assistent des Menschen in vielerlei Hinsicht. Zum Beispiel bei der Polizei- und Behindertenarbeit – denken Sie in diesem Zusammenhang nur an die Blindenhunde – bei der Jagd und auch beim Bewachen und Sichern unsere Wohnstätten.

Aber warum konnte sich gerade die Partnerschaft Mensch-Hund über die Jahrtausende so gut entwickeln? Ganz einfach deshalb, weil Hund und Mensch durch viele ähnliche, um nicht zu sagen deckungsgleiche Grundeigenschaften und Verhaltensweisen gekennzeichnet sind, im Dialekt meiner Kärntner Heimat würde man das etwa mit den Worten: »Es san se holt de Doggn und de Doggan im Endeffekt gonz gewoltig ähnlich, gell wohl!« ausdrücken.

Und zu dieser gleichwohl frappanten wie überraschenden Ähnlichkeit von Mensch und Hund möchte ich nun zwei exemplarische Beispiele anführen: Erste Ähnlichkeit ist die außerordentlich hohe Intelligenz beider Lebewesen im Vergleich zu anderen Kandidaten im Tierreich wie Heuschrecken oder Mehlwürmern.

Unternehmen Sie getrost einmal den Versuch, einen Mehlwurm abzurichten, das Unterfangen ist ähnlich aussichtsreich wie jenes, einem Skinhead die Feinheiten der deutschen Rechtschreibung näher- oder gar beizubringen.

Die zweite Ähnlichkeit im Verhalten von Mensch und Hund ist eine gewaltige Sehnsucht nach einer Rangordnung mit einem starken Anführer und ein ausgeprägtes Territorialverhalten. Daraus folgt: Eine immense soziale Wandlungsfähigkeit, wie zum Beispiel sofortiges Schwanzeinziehen und herzzerreißendes Winseln in Demutsstellung vor sozial Höherrangigen – sie kennen das sicher aus ihrem Berufsleben, nehme ich an – bei gleichzeitig extrem aggressivem Verhalten und lautstarken Unmutsäußerungen gegenüber Fremden, Schwächeren und sozial Niederrangigen, sowie absoluter Gehorsam gegenüber noch so sinnlosen Anweisungen von Alphatieren wie Amtsträgern, Uniformträgern und Vorgesetzten, möglichen zukünftigen Amtsträgern, Uniformträgern und Vorgesetzten sowie deren Verwandten und Bekannten oder möglichen zukünftigen Verwandten und Bekannten. Die Wissenschaft spricht in diesem Fall vom vorauseilenden Schleimspureffekt.

Diese und viele andere gemeinsame Eigenschaften prädestinieren den Hund geradezu, mit dem Menschen zusammenzuleben. Eines, meine sehr geehrten Damen und Herren, muss in einer solchen Beziehung zwischen Mensch und Hund allerdings von vorne herein völlig klar sein, nämlich wer der Hund ist und wer

das Herrchen, also wer wem seine Verhaltensweisen aufdrängt. (Er hebt den Kopf und schnuppert.) Pardon. Auch die landläufige Meinung, Mensch und Hund würden sich im Laufe ihres Zusammenlebens immer ähnlicher werden, ist wissenschaftlich überhaupt nicht haltbar. (Schnuppert noch einmal und fährt sich mit der Hand über die Nase und niest.) Denn dazu müsste sich ja auch der Mensch an den Hund angleichen, (schüttelt sich und kratzt sich mit der rechten Hand unter der rechten Schulter) und daran hindert ihn schon allein seine gewaltig überlegene Intelligenz. (Schaut über die linke Schulter, scheint dort etwas zu erkennen und beginnt sich immer schneller werdend gegen den Uhrzeigesinn zu drehen, stoppt plötzlich, zieht den Kopf zwischen den Schultern und knurrt merklich.) Ich persönlich arbeite nun schon seit 35 Jahren intensiv mit Hund-nnnnn (winselt herzerweichend) zusammen und da müsste ich das ja schon längst an mir selbst bemerkt haben, oder wenigstens meine Frauuuuuuuuu (jault in Richtung Bühnenscheinwerfer) oder meine Assistentin (hechelt kurz mit heraushängender Zunge) oder gar mein Chef, Chewwwff, Chffrrrrrr! (Knurrt, fletscht die Zähne und bellt mit zunehmender Erregung und Lautstärke in alle Richtungen, auch ins Publikum. Nach einiger Zeit ertönt ein kurzer Pfiff aus dem Hintergrund, er erstarrt auf der Stelle, zieht den Schwanz ein und verzieht sich leise winselnd mit eingezogenem Kopf unter dem Vorhang hindurch hinter die Bühne.)

(Das begeisterte Publikum reagiert mit lautstarkem Beifall und euphorischem Schwanzwedeln.)

Drückeberger & Co

Von Lehrstunden in Demokratie und dem unglaublichen Imagewandel des Zivildienstes.

Meine Zeit beim Bundesheer hat mir nicht geschadet, wie es so schön heißt. Vor allem die Erfahrung, einer autoritären Struktur ziemlich wehrlos ausgeliefert zu sein, hat Spuren hinterlassen. »Befehlshaber«, die ihre Macht auskosteten und unter johlendem Beifall eines Großteils der Truppe entwürdigende Spielchen mit Schwachen und Außenseitern trieben, Ducken, Dulden und Wegschauen waren an der Tagesordnung. Die Vorstellung, um wie viel brutaler, umfassender und existentieller diese Mechanismen in einer Diktatur greifen würden, machte mir zum ersten Mal den unschätzbaren Wert von Demokratie und Rechtsstaat bewusst. Insofern hat es mir wirklich nicht geschadet.

Einige meiner Freunde haben den schwierigeren Weg gewählt und haben den neu eingeführten Zivildienst beantragt. Sie mussten vor eine Kommission treten und durch die Beantwortung von teils absurden Fangfragen ihre pazifistische Einstellung beweisen. Erst dann durften sie ihren Dienst in Krankenhäusern, Altenheimen und anderen sozialen Einrichtungen antreten. Zum Dank für ihre Leistung wurden sie von der Öffentlichkeit im besten Fall als Drückeberger bezeichnet. Ich kann mich aber auch noch an den Satz von den »Volksverrätern, die alle weg gehören« in einer hitzigen Wirtshausdiskussion erinnern.

Heute, über dreißig Jahre später, ist alles anders. Zivildiener sind anerkannt und geschätzt. Der Zivildienst ist eine Säule unseres Sozialsystems geworden und – welche Ironie – nun eines der Hauptargumente für die Beibehaltung der allgemeinen Wehrpflicht. Das ist sicher eine späte Genugtuung für die angefeindeten Zivildiener der ersten Jahre und ein Hinweis, dass diese Gesellschaft mitunter auch lernfähig ist.

Zur flächendeckenden Be-Tracht-ung des Landes

Traditionelles G'wand auf dem unaufhaltsamen Weg von der Volks- zur Popkultur.

Ob Rupertikirtag, Festspielball, Parteiausflug, Promi-Schweinderlstreicheln oder Szene-Clubbing: Tracht ist mittlerweile obligat. Eine Bekannte, die in einem hellen, neutral geschnittenen Leinenkleid zur Bauernherbsteröffnung ging, wurde wiederholt gefragt, ob sie denn kein Dirndl hätte.

Fast täglich flattern Trachtenpärchen auf Titelbildern und Werbebroschüren ins Haus, mein persönliches Highlight im wahrsten Sinne des Wortes waren dabei kürzlich die Neon-Dirndl-Minis in Pink und Signalgrün und die Lederhosen um sagenhafte 39.90 beim Diskonter. Wie es scheint, ist die Tracht endgültig in der massentauglichen Konsum- und Popkultur angekommen. Soll so sein – aber was mich daran interessiert, ist: Warum gerade jetzt? Zufälliger Modetrend? Reine Gaudi? Oder ist es die putzige Verkleidung einer konservativen Strömung? Sätze wie »Wer Dirndl trägt, sagt ja zum Frau sein« lassen einen das fast vermuten. Wie sieht dieses Frau sein dann aus?

Vielleicht ist auch vielen die gnadenlos vernetzte Welt zu unübersichtlich geworden und sie wollen sich, zumindest optisch, wieder in eine kleine, heile Welt zurückziehen, in der man die, die dazugehören, ganz einfach erkennt. Und was bedeutet das dann für die anderen? Die meisten sagen, sie wollen damit ihr Traditionsbewusstsein und ihre Bodenständigkeit zeigen. Aber kann man das auch mit den gängigen, billigen Massenprodukten, die irgendwo in Asien hergestellt werden und in denen sicher weniger Österreichisches enthalten ist als in einem Hamburger aus der Fastfoodkette?

Ist dann auch ein Import-Bio-Bauernkrapfen aus Übersee etwas Bodenständiges? Zählt nur die Form und nicht der Inhalt? Alles fesch und oberflächlich – Popkultur halt.

Blackout 2017 – Salzburg ohne Strom

Von Presseausendungen und anderen Horrorgeschichten

Winter 2017: Angst, Dunkelheit und Endzeitstimmung haben sich über die Stadt an der Salzach gesenkt. Alle Betriebe sind geschlossen und die frierenden Bewohner haben sich um alte Mülltonnen versammelt, in denen sie Abfälle verbrennen, um sich ein wenig aufwärmen zu können. Sämtliche O-Busse und die S-Bahn stehen seit Wochen still und die Notstromaggregate in den Krankenhäusern laufen schon auf Reserve. Wie soll es nun weitergehen? Muss am Ende auch noch die Nachtbeleuchtung des Stadions in Klessheim abgeschaltet werden? Blackout – ein Albtraum ist Wirklichkeit geworden. Aber wie konnte es so weit kommen? Die Antwort ist ganz einfach: Die Lungauer sind schuld.

Die egoistischen Sturschädel hinter dem Tauern haben in Ramingstein das unverzichtbare Herzstück der Salzburger Energieversorgung verhindert und so mutwillig deren totalen Zusammenbruch verursacht. Sie sagen, sie seien es leid, immer nur dann interessant für die Politik zu sein, wenn man etwas von ihnen haben wolle. Einst sei man über sie drüber gefahren, weil man bei ihnen durchfahren wollte, und nun wolle man ihnen auch noch das Wasser wegpumpen. Weder mit Zuckerbrot noch mit Peitsche waren sie diesmal auf Kurs zu bringen. Und was nun?

Die Inbetriebnahme der Atomkraftwerke in Seekirchen und Anif, die als Ersatzlösung aus dem Boden gestampft werden mussten, verzögert sich wegen wiederholter Störfälle im Probebetrieb auf unbestimmte Zeit. Wird man am Ende doch noch ernsthaft zu alternativen Energieformen greifen müssen?

Schweißgebadet wacht der Energiemanager auf, sitzt zitternd im Bett und schwört sich, vor dem Einschlafen nie mehr die eigenen Presseaussendungen zu lesen, sondern nur mehr andere Horrorgeschichten.

Kinder brauchen Freiraum und Leerlauf

Warum eine bis ins Detail durchorganisierte »Freizeit« Kindern mehr schadet als nutzt.

Ich bin ja keiner, der gerne in den Chor einfällt, wonach früher alles besser gewesen sei, obwohl wir viel weniger hatten. Die Erinnerung taucht die Vergangenheit ja oft in ein sehr vorteilhaftes Licht. Eines stimmt aber sicher: Wir hatten als Kinder weniger Krimskrams als die kleinen Konsumturbos von heute.

Dafür hatten wir etwas ungleich Wertvolleres: viel Platz, Zeit und vor allem unsere Ruhe vor überambitionierten Eltern. Wenn ich mir heute die Tagesabläufe mancher Kinder anschaue, kommt mir das schiere Grausen. Da ist zwischen Schule, Lernen, Nachhilfe und all den bis ins letzte Detail organisierten, unendlich wertvollen Aktivitäten, kaum einmal eine halbe Stunde Zeit für kindlichen Leerlauf. Wir hatten früher ganze Nachmittage für uns, an denen wir machen konnten, was wir wollten. Und wenn uns fad war, taten wir halt einfach etwas dagegen.

Einmal organisierten wir in wochenlanger Vorbereitung unseren eigenen Zirkus – mit Clowns, Jongleuren, Gewichthebern, Hundedressurnummer, Kostümen, Musik, Ansagern und Plakaten. Und dabei erwarben wir spielerisch einen Großteil jener hochgepriesenen Kompetenzen, die heute höchst professionell eingetrichtert werden müssen: von motorischen über organisatorische bis hin zu sozialen. Und vor allem durften wir auch gnadenlos scheitern, ohne dass es gleich ein Drama war.

Ich weiß schon, man kann heute nicht mit damals vergleichen. Aber wenn wir Kindern ihr ganzes Leben pädagogisch ausgeklügelt aufbereiten, nehmen wir ihnen die Chance, die vielleicht wichtigste Kernkompetenz überhaupt zu entfalten, nämlich ihre Kreativität. Und dieses Manko kann mit keinen noch so professionellen »Freizeitaktivitäten« ausgeglichen werden.

Entblößte Kastlspatz(erl)n

Ist der vermeintliche Skandal ein erstes Anzeichen für eine volkstümliche Götterdämmerung?

Jetzt hat sie also jemand verpfiffen, die Heiligen des volkstümlichen Scheins aus Kastelruth. Ihr ehemaliger Produzent behauptet, dass die Spatzenmusik meist nur aus dem Kastl käme, und dass sie im Studio gar nicht selbst spielen würden. Das ist ungefähr so sensationell wie die Behauptung, dass der Hansi blond ist. Natürlich haben, wie in der Pop- und Schlagerbranche üblich, Studiomusiker bei den Aufnahmen gespielt, oder noch viel mehr: am Computer programmiert, gespielt wird da ja nur mehr selten. Aber das ist doch den Fans dieser Musik egal. Gerade die wollen sich damit ja aus der Realität in eine weichgezeichnete Traumwelt flüchten. Die volkstümliche Schlagermusik ist die butterweiche Droge der braven, kleinen Leute und denen ist es völlig egal, wer die tägliche Dosis zusammenpanscht.

Interessanter ist, warum manche Medien, die sie jahrzehntelang protegiert und gut mit ihnen verdient haben, plötzlich mit Kanonen auf die nun quasi entblößten Spatzerln schießen und diese Nullmeldung zur Skandalgeschichte hochstilisieren. Könnte es sein, dass das ein erster Hinweis auf eine dräuende volkstümliche Götterdämmerung ist? Wollte man da einmal kurz antesten, wie fest sie noch im Stadelolymp verankert sind? Denn eines ist klar: Das biologische Ablaufdatum der alten Schmachthirschengarde und ihrer treuen Fans scheint nicht mehr unendlich fern und dahinter wartet schon eine Phalanx von neuen, knackigen Volks-Rock&Rollern, deren Anhängerschaft sich aus der nächsten und übernächsten Generation rekrutiert – und die deshalb die Kassen der Macher auch noch in ferner Zukunft klingeln lassen könnte(n). Weil das ist der einzige Sound, der in diesem Geschäft wirklich echt ist und zählt.

Silo – der Gängsta-Räpper aus dem Lungau

Eine Bewerbung beim öffentlich-rechtlichen Rundfunk in Rap-Form.

Ruabn-Pauli hoaß i, bin a Lungauer Bua,
Nenn' mi aber »Silo«, weil i räpp'n tua.
Bin a Gängsta-Räpper und kimmt mir wer dumm,
Schupf' i so a Heinzl-Mandl oanfach um;

Sag über sei Muatterl a no böse Sach'n,
Weil als Gängsta-Räpper muas ma so was mach'n,
Bin beim Schlägern und beim Stänkern voll da Chef,
D'rum möcht i an Fersehjob beim ORF.

Schickt's n' Piefke hoam, sagt's eahm bye bye,
Weil mir könna selba arg und goschert sei.
Wann's man Vog'l außahaut und i voll auszuck',
Schmeißt's mi oafach außi und dann holt's mi wieder z'ruck.

Es zähl'n nur de Quoten, sunst is alls egal,
D'rum braucht's oan wia mi auf euer'm Staatskanal:
G'fährlich wia da Sido, schlicht wia de Zabine,
Geil wia d' Sarkissova und ziemlich pleite bin i.

Sagt da Gabalier, er is a Volks-Rock n' Roller,
Dann bin i a Volks-Rapper, des is no vü toller.
Gebt's ma halt die große Chance, weil i bin der
Hansi Hinterseer für die Rudolfskai-Kinder.

Begnadete Strategen unter sich

Bundeskanzler Faymann und Verteidigungsminister Darabos bei der Manöverkritik nach der verlorenen Volksabstimmung über das Bundesheer – ein Geheimprotokoll.

F: Na bumm, das war aber ein schöner Bauchfleck.

D: I versteh's no immer ned, rein strategisch war des a g'mahde Wies'n, praktisch nicht zum Verlier'n, zumindest hat mir des der Häupling so erklärt. Er hat g'sagt, dass ma in dem Land alles durchsetzt, wenn man die drei Qualitätszeitungen mit die groß'n Buchstab'n hinter sich hat.

F: Ja, früher. Unter'm Dichand hätt's des ned geb'n. Und, trittst jetzt z'rück?

D: Warum denn? I wollt' ja a ned Verteidigungsminister werd'n und bin's word'n, wollt kane Eurofighter und hab's kriagt, wollt ka Berufsheer und ka Volksbefragung. Was soll mi da jetzt auf amal d'ran hindern, dass i weiter mit tiefster Überzeugung des umsetz', was i ned wü?

F: Na ja, der Häupling hätt' da eine neue geniale Strategie.

D: Und?

F: Wir schenken der ÖVP das Verteidigungsministerium – unter der Voraussetzung, dass dein Freund Entacher Minister wird und das Bundesheer von Grund auf reformieren und kostenneutral zu einer sinnvollen Truppe umgestalten muss.

D: Suuuuuper! Des schau i mir an, und zwar in da erst Reih' fuaßfrei. Bevor den Verein nämlich wer so umdakrempelt, dass er militärisch effektiver is wia de Jungschar, werd no da Schlierenzauer tauglich g'schrieb'n, da wett i mei schönste Designerbrill'n.

F: Also bist dabei?

D: Moment amal. Und was soll dann aus mir werd'n?

F: Des is ja da Trick dabei. Du wirst Unterrichtsminister und machst mit deinem strategischen Talent und deinem unbezwingbaren Charisma die Volksbefragung über die Gesamtschule zu einem Triumph für die Sozialdemokratie.

D: Ja, wann da Häupling des mant, is as sicha g'mahde Wies'n.

Politischer Aschermittwoch

Wenn die Narren keck regieren,
wird das Volk es nachher spüren.

In der tollen Faschingszeit
Gibt's kein morgen, gibt's nur heut',
Und man lässt die Sau heraus -
Fern ist noch der Heringsschmaus.

Doch die Zeit kennt kein Pardon,
Denn am Aschermittwoch schon
Bleibt vom närrischen Theater
Übrig nur ein Riesenkater.

Den erträgt man ganz privat,
Wenn man Aspirin noch hat,
Aber in der Politik
Kommt es dafür knüppeldick:

Mancher Wicht, der keck geschmiert,
Glaubend, dass gedeckt er wird,
Weil sonst das System zerbricht,
Steht verdutzt nun vor Gericht.

Auch die Derivatezocker,
Denen's Steuergeld saß locker,
Werden nun samt Chefitäten
Vor den U-Ausschuss gebeten.

Unser Landesfürstenpärchen,
Froh vereint über die Jährchen,
Giftet sich nun gallig an;
Hin ist alles Porzellan.

Die Parteien haben dreist
Noch mehr Kohle losgeeist
Und es wurd' auch manch' Berater
Wahlkampfkostenrückerstatter.

Steuergeld wurde verschludert,
Anstand und Moral verludert,
Sumpf, Parteibuch, Korruption:
Aschermittwoch – und was nun?

Wenn die Narren keck regieren,
Wird das Volk es nachher spüren,
Was wohl unter'm Strich bedeut':
Jetzt beginnt die Fastenzeit!

Das Hoamatg'fühl der Stierwascher

oder wie wir mit unserem Konsumverhalten die Grauslichkeiten der Fleischindustrie unterstützen.

Jetzt hat man uns also nicht nur zermanschte Pferderl in die Fertig-Tortelloni gezaubert, sondern nach dem Motto »Stierwascher 2013« auch noch Schwein auf Rind umgefärbt – Mahlzeit! Dass die Billigkette mit dem Pferdefleischanteil ausgerechnet mit dem volkstümlichen Li(e)dl »Hoamatg'fühl« wirbt, ist ein zusätzliches, tragikomisches Detail am Rande. Aber was tun, wenn man nicht gleich ganz auf Vegetarier umsatteln möchte?

Die neuesten Vorfälle sind ja gar nicht die schlimmsten in einer langen Kette von ähnlichen Skandalen, aber sie weisen auf ein grundsätzliches Problem in unserem Umgang mit Lebensmitteln hin – und auf unsere Mitverantwortung. Denn: Wenn der Preis tief genug ist, schalten wir Hirn und Gewissen aus und nehmen billigend in Kauf, dass das fleischliche Superschnäppchen nur deshalb eines sein kann, weil es unter untragbaren Zuständen für die verarbeiteten Tiere und die verarbeitenden Menschen hergestellt wurde. Durch dieses Kaufverhalten fördern wir genau jene Art von Fleischindustrie, vor der uns eigentlich graust.

Im Klartext: Sich ein Henderl um einen Euro fünfzig kaufen und sich dann über die Tierhaltung empören, ist nichts als pure Heuchelei oder grenzenlose Dummheit.

Bei Kleidung, Unterhaltungselektronik und vor allem beim geheiligten Fahruntersatz, sind wir ohne mit der Wimper zu zucken bereit, für Qualität gutes Geld hinzublättern, bei Lebensmitteln nicht. Wäre das umgekehrt, würden wir nicht nur gesünder leben und viel besser kontrollierte, lokale Produzenten fördern (Stichwort: Hoamatg'fühl), sondern auch mehr für den Tierschutz tun, als das sämtliche von Medien hochgejubelte Promi-Streichelzoos je können. Aber die Gier ist halt ein Hund. Apropos Hund ...

Sondereinheit »Platoon S«

Neues Einsatzgebiet für das Bundesheer: Es rettet höhere Schulen vor dem Chaos.

Hilferuf aus den höheren Schulen: Da in der Verwaltung – natürlich nicht auf Beamtenebene sondern ganz unten in den Schulen selbst – massiv eingespart wird, mangelt es nun an Reinigungskräften, Schulwarten und Sekretariatspersonal, was laut Direktoren vereiste Eingangsstufen, organisatorische Mängel und unhaltbare hygienische Zustände zur Folge hat. Um den Ausbruch von Seuchen und das völlige Chaos zu verhindern, hat der Landesschulrat verzweifelt beim Bundesheer um Unterstützung angesucht, welche auch großzügig gewährt wurde. Den Erfolg dieses Assistenzeinsatzes belegt der Tagesrapport der Sondereinheit »Platoon S«.

5.00 – Tagwache im Turnsaal; Feldverpflegung, Morgensport und Befehlsausgabe.

6.00 – Schneeräumung am Schulgelände mit dem Bergepanzer M-88, anschließend Enteisung der Eingangstreppen mit dem Flammenwerfer.

7.30 – Abholen der Schutzbefohlenen von der Bushaltestelle, gemeinsamer Marsch zum Schulobjekt in nach Körpergröße gestaffelten Dreierkolonnen.

8.00 – Lautes Durchzählen im Schulhof, anschließend Unterricht. Die Einheit wird geteilt. Der erste Zug begibt sich zum Dienst in die Schreibstube (vormals Sekretariat), der zweite Zug bietet Pädagogen Geleitschutz in den Krisengebieten 3D, 5A, allen 7. Klassen und 8B.

10.30 – Große Pause. Verköstigung aus der Gulaschkanone am Pausengang, Aufsicht durch die Militärpolizei.

10.45 – Reinigung der Latrinen durch im Unterricht oder in den Pausen auffällig gewordene, renitente Subjekte.

11.10 – Supplierung einer Turnstunde durch Oberstabswachtmeister Drillhofer; Lehrstoff: Hindernislauf über Stolperdraht bei (simuliertem) Sperrfeuer aus einem Hinterhalt.

13.00 – Schrittweise Räumung des gesamten Gebäudes, anschließend Reinigung des Objekts mit dem Dampfstrahler.

16.00 – Abschließende Einsatzbesprechung mit Supervision

Wir sind nicht schuld! Niemals!

Wir lernen schon früh, es uns in der Opferrolle gemütlich zu machen.

Eine Kolumne mit dem Titel Querschläger verpflichtet ja fast, hin und wieder ein Thema gegen den Strich der öffentlichen Meinung zu bürsten und zuzuspitzen. Neulich habe ich behauptet, dass wir Konsumenten an den Lebensmittelskandalen mitschuldig sind, da wir jeden Schrott kaufen, solange er nur billig genug ist. Die Entrüstung war groß, denn damit habe ich gegen eine fest einzementierte gesellschaftliche Übereinkunft verstoßen, die lautet: Wir sind niemals selbst schuld!

An schulischen Problemen sind die Lehrer schuld, wenn nicht die, die Eltern und sonst halt der schlechte Einfluss von Freunden, Fernsehen oder Internet. So gibt es keine Konsequenzen und wir lernen schon früh, es uns in der Opferrolle gemütlich zu machen. In der Firma liegt es am Chef und den Kollegen und in der Gesellschaft an den Politikern. Wir gehen bei jeder Wahl wieder den gleichen Politikertypen mit den ewig gleichen Schmähs (schöne Sprüche, patriotische Brunftschreie und/oder ein paar unfinanzierbare Zuckerl) auf den Leim oder wählen gar nicht mehr, was im Endeffekt bedeutet, gleich alle zu wählen; nachher jammern wir aber dann immer im Chor, dass sich nichts ändert und dass eh alle gleich sind. Es sind nicht alle gleich! Das ist nur eine faule Ausrede, mit der wir uns aus der Verantwortung stehlen, uns besser zu informieren.

Das Tragische an dieser Haltung ist, dass wir, ohne uns erst einmal unseren Anteil an einer Situation (Schule, Beruf, Gesellschaft, etc.) einzugestehen, die Chance nehmen, zu lernen und etwas zum Besseren zu verändern. In meiner katholisch geprägten Kindheit hat man uns mit Schuld vollgestopft, nun sind wir anscheinend von jeder Verantwortung befreit: Beides ist unzumutbar.

Quantitative Morphogenetik und Bauernschnapsen

Ein neues Objektivierungsgesetz macht endgültig Schluss mit politischem Postenschacher.

Um den Vorwürfen, Spitzenposten im Landesdienst und in landesnahen Betrieben würden parteipolitisch besetzt, entgegenzutreten, soll nun ein neues Verfahren ausschließlich die Qualifikation der Kandidaten in den Mittelpunkt stellen. Zentraler Punkt ist ein detailliertes Anforderungsprofil auf Basis dessen eine externe Beraterfirma den geeignetsten Kandidaten ermittelt – hier ein Beispiel:

Als unabdingbare Voraussetzungen gelten mehrere, nicht vollständig abgeschlossene Studien in den Fächern Publizistik, Theaterwissenschaften und Integrative Paläontologie mit Schwerpunkt Quantitative Morphogenetik, computerwissenschaftliche Crashkurse in den Fachgebieten Excel für Anfänger und Word 97, ein abgeschlossener Grundwehrdienst sowie ein Reserveoffiziersrang. Weitere Voraussetzungen sind leitende Funktionen in Sport- und Sparvereinen, vor allem als stellvertretender Schriftführer und Rechnungsprüfer, die Mitgliedschaft in einem Musikensemble nebst leidlicher Beherrschung der Blechblasinstrumente Bariton und Tenorhorn. Fachwissen in den Bereichen Bauernschnapsen, Fliegenfischen und Eisstockschießen (Pinzgauerisch) sind sehr wünschenswert. Die Mitgliedschaft bei einer politischen Partei ist selbstverständlich keine Voraussetzung, darf aber auch kein Hinderungsgrund sein. Um die absolute Transparenz und Kontrolle zu gewährleisten, werden die Qualifikationen sämtlicher Bewerber im Internet veröffentlicht.

Und wenn sie jetzt wissen wollen, für welchen speziellen Spitzenposten diese detaillierten Voraussetzungen gelten, haben Sie das System nicht verstanden. Das wird natürlich erst dann entschieden, wenn der entsprechende Kandidat einen Posten braucht.

Lungauer Power

Big Band, Filmemacher, und, und, und. Was treibt die Künstler von hinter'm Tauern an?

Am letzten Mittwoch wurde »früher…«, der Filmerstling der Lungauer Filmemacher Gunther Naynar und Thomas Mayer, uraufgeführt. In einer Mischung aus Gesprächen, eindrucksvollen Bildern und poetischen Assoziationen spüren sie dem gewaltigen Wandel im Bauernleben nach, ohne Kitsch, ohne Klischees und ohne Wertung.

Am Tag darauf stieß ich im Internet auf Michael Pfeifenbergers neuen Film »Call me a Jew«, es ist bereits sein neunter. Der aus Zederhaus stammende, international renommierte Regisseur arbeitet in Österreich, Serbien, Israel und Mexiko.

Am Palmsonntag spielte dann die Lungau Big Band ein brodelndes 30-Jahre-Jubiläumskonzert in Tamsweg, wenige Tage nach zwei restlos ausverkauften Konzerten im Salzburger Republic. Und dann gibt es noch den Elvis-Impersonator Rusty und die Dialketband Querschläger, die mit völlig verschiedenen Zugängen zu Musik und Kabarett ebenfalls seit Jahren sehr erfolgreich unterwegs sind.

Der Tontechniker des Abends, ein absoluter Kenner der heimischen Musikszene, rätselte im Gespräch, woran es liegen könnte, dass die Mehrheit der Salzburger Bands, die auch die größeren Säle im Land füllen, ausgerechnet aus dem Lungau kommt oder zumindest dort ihre Wurzeln hat. Und auch ein ORF-Journalist fragte im Pauseninterview, wieso derartige Projekte gerade hier entstehen und nicht anderswo im Bundesland.

»Weil mir alle so super san« wäre als Antwort jetzt fast aufgelegt, aber natürlich nicht zutreffend. Es könnte ganz einfach daran liegen, dass es hinter'm Tauern viel schwieriger ist, etwas auf die Beine zu stellen als anderswo, und man deshalb von vorne herein zu hundert Prozent von (s)einer Sache überzeugt sein muss, um sie durchzuziehen, egal in welchem Bereich. Und diese Überzeugung gibt einem die Kraft, hartnäckiger zu sein als andere, Rückschläge zu überwinden und nicht gleich alles hinzuschmeißen. Das ist dann vielleicht die vielgepriesene Lungauer Power. Oder es ist einfach nur Zufall.

Jetzt wird's deftig: Die Wildererpartei ist da!

Parteigründer Georg »Jirgl« Jennerwein nimmt sich im Interview kein Blatt vor den Mund.

SN: Warum braucht es ausgerechnet noch eine Wildererpartei?

JJ: De Regierungspartei'n schiaß'n oan kapital'n Bock nach dem ander'n. De san, bildlich gesproch'n, ja praktisch scho weidwund und betteln beim Wähler förmlich um den Fangschuss. Und auf dem Gebiet san mir Expert'n.

SN: Und was wollen Sie ändern?

JJ: Mir werd'n de Großkopfert'n de fettest'n Privilegien aus eahnan Revier außaschiaß'n, so wia ma's scho allweil g'macht hab'n, da kannst oan drauf lass'n, guta Mann.

SN: Wer ist ihr schärfster Konkurrent? Stronach?

JJ: Geh', hör' ma do auf. Des Team Stronach is doch das Dschungelcamp der österreichisch'n Politik. Lauta abg'halfterte Wichtigmacher, de sunst koana mehr hab'n will und die dem Alt'n de Käferl aus da Hand fress'n, wann er mit'm Geldbeut'l klingelt. Da san mir schon andere Kaliber.

SN: Und wie erklären Sie seine gegenwärtigen Erfolge?

JJ: Stronach, Berlusconi, Grillo – jedes Land wählt sich sein' Dillo!

SN: Also eher die FPÖ?

JJ: Geh', bitte. De huck'n do nur in da Oppositionsstaud'n und hab'n se's dort g'miatlich g'macht. Zum Regier'n san's z'feig', des sagn's ja desmal schon vorher. Is aba eh besser, weil wann de amal wo zur Fütterung zuawikemman, dann guate Nacht – siehe Kärnten.

SN: BZÖ, Piraten, Neos?

JJ: Lauta politische Sunntagsjaga.

SN: Und die Grünen?

JJ: De Ficht'nstreichler? Eh liab, aba oanfach zu nett für diese Welt. Sachpolitik interessiert doch de Leit' nit. De woll'n a klare Ansag', was Griffiges, an geil'n Spruch.

SN: Zum Beispiel?

JJ: Der Wilderer kennt kein Erbarmen, nimmt's den Reichen gibt's den Armen.

SN: Und das glauben Sie selbst?

JJ: Natürlich nit, aba für fuffzehn, zwoanz'g Prozent reicht so a Schas allemal heutzutags.

Wir sind alle Eachtlinge

Eine Gruppe von jungen Menschen als strahlendes Gegenbeispiel zum Migranten-Klischee.

Ich nehme mir vor, wieder einmal etwas Positives zu schreiben. Während ich überlege, was, fliegt mir die Geschichte einfach zu – in Form eines Nachmittags mit START-Stipendiaten. Dieses Stipendium, das von einer Stiftung getragen wird, unterstützt besonders engagierte und begabte Jugendliche mit Migrationshintergrund, um ihnen eine gute Ausbildung zu ermöglichen. Sie sollen anderen als Vorbild dienen. Ein Teil des Projekts ist, Land, Leute und Kultur kennenzulernen, und so versammelt sich eine bunte Schar von Menschen aus allen Winkeln des Planeten im

Lungau, um gemeinsam zu musizieren. Die Querschläger singen ein paar Hadern auf Lungauerisch, der START-Chor stellt seinen Song vor, Tomi aus Zell am See bzw. Nigeria singt ein berührendes Lied über Menschlichkeit, Miri trägt ein Gedicht vor, in dem sie aus einem ukrainischen Kinderspruch ihre Sicht des Lebens entwickelt, es wird gesungen, getrommelt, gelacht, geredet. Was dabei auffällt: Zwei bis drei Sprachen – zusätzlich zu sehr gutem Deutsch – sind das Minimum.

Und als Querschläger Kroni aus einem Eachtling, also einer Lungauer Kartoffel, ein Potatophon bastelt und darauf spielt, sagt jemand, ich glaube Mechi aus Tamsweg bzw. Bangladesh, dass wir eigentlich alle nichts anderes als Eachtlinge, also Erdlinge sind. Genial!

Es ist offensichtlich, welch unglaublicher Schatz unserem Land mit diesen jungen Menschen zugefallen ist und welch beeindruckende Gegenbeispiele zum Klischee sie sind. Und jeder, der sein dünnes gemeinde-, landes- oder bundespolitisches Süppchen mit dem Migrantenthema hochkochen will, sollte einen Nachmittag mit diesen Menschen verbringen und ihnen dann vor laufenden Kameras ins Gesicht sagen, dass wir sie nicht brauchen können. Absurd!

Runter mit der Lederhose!

Es ist Zeit für eine breite, tabulose Diskussion über unsere Architektur.

Mit der Heimat ist es wie mit dem eigenen Kind: Auch wenn es ziemlich hässlich ist, man liebt es trotzdem. Und das wird einem mancherorts wahrlich nicht leicht gemacht. Ich will jetzt nicht über Bau- und Gestaltungsünden schimpfen, sondern die weit schwierigere, entscheidende Frage stellen: Wo soll es hingehen?

Die alten Bauernhäuser, deren Form sich aus klimatischen Bedingungen, vorhandenen Materialien und der handwerklichen Bauweise ohne Maschinen ergab, sind wunderschön anzusehen, doch wer möchte heute noch in niedrigen Räumen mit winzigen Fenstern leben? Deshalb wurde die Grundform entgegen jeder Proportion aufgeblasen, mit großen, nicht zur Struktur passenden Fenstern versehen und zur Tarnung außen und innen rustikal behübscht. Man nennt diese gestalterische Missgeburt Lederhosenarchitektur, sie hat unser Land über Jahrzehnte geprägt. Heute sind wir schließlich bei der Guerilla-Architektur angelangt. Jeder baut, was er für schön hält, von der friesischen Katenimitation bis zum mediterranen Palazzoverschnitt und pinselt es dann noch möglichst auffällig an.

Und nun? Warum gehen wir nicht zurück an den Start, vergessen die Grauslichkeiten der letzten Jahrzehnte und kratzen unser gesamtes Hirnschmalz für den Versuch zusammen, klimatische Gegebenheiten, energiepolitische Notwendigkeiten, »gewachsene« heimische Materialien und Hightech-Werkstoffe, altes Handwerk und moderne Technik, traditionelle und zeitgenössische Formen unter einen Hut zu bringen und eine neue, zeitgemäße, unserem Lebensstil und unserer Landschaft entsprechende Architektur zu entwickeln? Das würde unserer Heimat ungleich mehr nützen, als unaufhörlich über ihre Schönheit zu schwafeln und zu singen und sie gleichzeitig und hinterrücks immer weiter zu verschandeln.

Restaurant de l'Europe 2030

Ein unvergesslicher Abend im Gourmettempel, der alle kommenden EU-Normen erfüllt.

Als wir das 5-Sterne-Mekka der Haute Cuisine betreten, werden wir vom Maître herzlich durch seine Schutzmaske begrüßt und sogleich in die Garderobe geleitet. Dort dürfen wir nach obligatem Ganzkörper-Scan und Gentest unsere Privatkleidung gegen genormte Overalls tauschen, die, wie auch die vorgeschriebenen Latexhandschuhe, Haarnetze und Schutzbrillen, vom Nobeldesigner gestaltet wurden. Durch die Keimschleuse betreten wir schließlich den Speiseraum und werden zu unserem Tisch geleitet, der vor unseren Augen von der Schutzfolie befreit wird. Darunter warten schon die vakuumverpackten Amuse-Gueules auf uns.

Die Karte ist sehr umfangreich, wir entscheiden uns schließlich aber für das Menü »Bocuse Aseptique« mit dem Carpaccio vom in Formalin gezüchteten Seeteufel auf Laboralgen sowie Entrecôte vom geklonten Angusrind mit Popcornrisotto Monsanto an Sauce Berlac. Dazu nehmen wir einen 2021er Chateau Clinique nach Originalformel in der Titanröhre. Es ist der älteste noch erhältliche Wein, seit alle aus Erde gewachsenen und in Glasflaschen abgefüllten Rebenpodukte nach der Verordnung von Castel Pasteur 2019 vernichtet wurden.

Die lasererhitzte Beerenvariation in flüssigem Sticksoff zum Dessert ist, sowohl vom Geschmack als auch von der Textur her, gelinde gesagt eine kulinarische Offenbarung und so stört es uns auch nicht besonders, dass die Herstellung und der Verzehr von Käse schon vor Jahren aus hygienischen Gründen ausnahmslos verboten wurden.

Bei ein paar Pipetten Espresso Sterilizzato und einer Injektion Cognac Très Vieux von Hoffmann-La Roche plaudern wir noch lange darüber, welch unvergessliches und vor allem welch zutiefst sinnliches Erlebnis ein gutes Essen sein kann.

Helden

Begriffsbestimmung zwischen Denkmal, Siegerpodest, Gipfelsieg und Schlammlawine.

Früher, in dunklen Zeiten, wurden Opfer zu Helden gemacht, um ihren sinnlosen Tod zu rechtfertigen. Auch Täter wurden als Helden gefeiert, um Verbrechen zu relativieren, die Grenze dazwischen war und ist oft unscharf. Diese Zeiten sind hoffentlich vorbei, wenn auch vielerorts noch in Stein gemeißelt.

Heute, in unserer Konsumgesellschaft, hat sich das Heldenbild verändert. Die Helden von heute sind werbetaugliche Profisportler. Sie stellen Rekorde auf und gewinnen Gold und Silber für uns. Natürlich gewinnen sie in Wirklichkeit nicht für uns, sondern für sich selbst. Spitzensportler müssen beinharte Egoisten sein, um ihre Ziele zu erreichen. Sie sind oft bewundernswerte, meist sehr gut bezahlte Ausnahmekönner, die alles tun, um den Gipfel ihrer Karriere zu erklimmen – Helden sind sie für mich nicht. Der Lungauer Bergsteiger Rupert Hauer ist einer, gerade weil er den Gipfel nicht erreicht hat.

Er hat kurz vorher umgedreht und hat anderen das Leben gerettet, indem er das eigene aufs Spiel gesetzt hat. Ohne diese selbstlose Tat wäre er heute einer von unzähligen Extremtouristen, die sich am Dach der Welt gegenseitig auf die Füße treten, so ist er verdientermaßen ein Held.

Solches Heldentum ist eigentlich untypisch für unsere Turbo-Ego-Gesellschaft und deshalb umso bemerkenswerter. Und man findet es nicht nur auf den medial grell ausgeleuchteten Gipfeln, sondern auch im täglichen Zusammenleben. Alle, die sich bei Ereignissen wie der gegenwärtigen Flutkatastrophe selbstlos in den Dienst der Gemeinschaft stellen und in Not geratenen Mitmenschen helfen, sind Helden und Heldinnen des Alltags, deren Leistung für die Gemeinschaft nicht hoch genug geschätzt und gewürdigt werden kann.

Alpine Zauberlehrlinge

Schleier, Ruderleiberl, Rambazamba und Naturerlebnis als Massenevent – Tourismus quo vadis?

Da wünscht man sich jahrzehntelang nichts mehr als zahlungskräftige Touristen, die auch in der Zwischensaison buchen und was passiert? Statt artverwandter Kulturkreiskumpels, die uns die anfangs käsig bleichen, sehr bald aber puterrot angesengten Schwarten im Ruderleiberl oder Speckbarbie-Top

entgegenrecken, eine Bar nach der anderen leersaufen und im obersten Dezibelbereich das zelebrieren, was sie (und wir?) unter Stimmung verstehen, kommen verhüllte Antialkoholiker und Schweinsbratlverweigerer in Massen und lassen sich nicht mehr abwimmeln. Tragisch, irgendwie.

Abseits dieses lokalen Schmankerls stellt sich die Frage, wie wir den Tourismus, der eine Säule unserer Wirtschaft ist, grundsätzlich gestalten wollen. Was sind wir bereit, dafür einzusetzen und bis zu welchem Grad? Unsere Natur, unsere Landschaft, unsere letzten unberührten Winkel, unsere Architektur, unsere dörflichen Reststrukturen, unsere Alltagskultur, unsere Identität? In Frankreich gibt es schon Phantomdörfer, die außerhalb der Saison tot sind. Dort betreiben internationale Investoren mit Hilfe von Saisonarbeitern Massentourismus, die Einheimischen sind schon lange weg.

Wollen wir das auch und wenn nicht, warum geht bei uns vieles genau in diese Richtung? Braucht es die eventbefeuerten Massenaufläufe und die sensationsheischende Übertechnisierung wirklich oder nur deshalb, weil wir mit Millionenbudgets genau diese Art »Naturerlebnis« bewerben? Nehmen wir der Natur nicht Reiz und Würde, wenn jeder schwindlige Plattfuß im gepolsterten Sitz auf den steilsten Grat gehievt wird? Und werden wir dadurch nicht zu Zauberlehrlingen, die Gefahr laufen, in der selbst heraufbeschworenen Flut unterzugehen?

Nicht für die Schule, sondern für das Leben ...

Pausengespräche heute: Max und Severin-August unterhalten sich über ihren Notenstress.

M: Du stehst auch auf zwei Fleck, gell? Jetzt müss' ma halt strebern.
S: Nicht einmal d'ran denken, mein Lieber, g'lernt wird nix!
M: Aber mit einem Nachzipf sind die Ferien verhunzt.
S: Trotzdem.
M: Und wenn wir echt durchfliegen?
S: Na, dann beruf' ma halt.
M: Dann müss' ma a kommissionelle Prüfung machen und erst recht büffeln.
S: Das trau'n sich die sicher nicht, weil inzwischen hamma schon den Schulbehörden mit den Medien droht, und da werd'n die immer ganz butterweich, glaub's mir.
M: Und wenn doch nicht?
S: Dann mach' ma a Pressekonferenz, dass ihnen die Ohr'n wackeln. Irgendein schulgeschädigter Gutmensch schreibt sicher was Herzzerreißendes.
M: Rein theoretisch könnt' dann aber auch ein Lehrer auf Unterlassung klagen, die sollen ja neuerdings auch so was wie Bürgerrechte hab'n.
S: Pah! Erstens sind's eh zu feig und wenn nicht, gibt's noch die ganzen Elternvereinsmeier, die man in Stellung bringen kann. Einer von denen sieht immer gern sein G'sicht in der Zeitung. Und bei dem öffentlichen Druck sind's bisher immer noch einknickt, die werten Pädagogen.
M: Nur gesetzt den Fall, dass ...
S: Europäischer Gerichtshof, Menschenrechtsgerichtshof, UNO, Vatikan, Kriegsverbrechertribunal – und wenn alles nix nutzt, ketten sich unsere Eltern vor dem Landeschulrat an eine Laterne, als leuchtendes Mahnmal gegen die unmenschliche Pädagogik.
M: Also mir ist das zu stressig. Ich lern' lieber ein bisserl.

S: Wenn du das tust, dann klag' ich dich, du Untertan.
M: Mich? Weswegen?
S: Wegen unterlassener Hilfeleistung.
M: Aber wir lernen doch eh für das Leben, nicht für die Schule.
S: Darum geht's ja, Blitzgneißer. In ein paar Jahr' bin ich nämlich Sozius in Papis Kanzlei ...

Leitfaden zur Blitzintegration

Für Zuagroaste aus aller Herren Länder, die weder spendable Oligarchen, noch erfolgreiche Sportler oder bekannte Opernsängerinnen sind.

Präambel: Neben dem Erlernen der ortsüblichen, im weitesten Sinne mit dem Deutschen verwandten Sprache, sind folgende Einstellungen und Verhaltensmuster unerlässlich, um erfolgreich und zeitnah in die Alpenrepublik integriert zu werden:

1. Nationale Grundbefindlichkeit
Eignen Sie sich unbedingt die beiden österreichischen Grundeinstellungen an, die sich wohl in allen anderen Ländern dieser Erde völlig wiedersprechen würden, in der österreichischen Kultur aber durch eine Art schizophrenen Kollektivspagat zur nationalen Grundbefindlichkeit vereinigt werden:
a) »Es is alls oasch a so wias is!«
b) »Es sollt si aber nix ändern, was hiatzt mi persönlich betrifft!«
Versuchen Sie danach zu leben, auch wenn es Ihnen anfangs schwer fällt, es ist möglich, Millionen von Österreichern beweisen dies täglich.

2. Erscheinungsbild:
- Tragen Sie unbedingt pausenlos sogenannte »trachtige Kleidung« und »Landhausmode«
- in allen möglichen und unmöglichen Farbenkombinationen und Schnitten
- aus allen möglichen und unmöglichen Materialien und Herstellungsländern
- und zu allen möglichen und unmöglichen Anlässen, denn: Diese Art der volkstümlichen Massenverkleidung ist nicht nur eine florierende Modeströmung sondern zuallererst ein textiler Code. Das Dirndl und die Lederhose sind, in welcher Form auch immer, eigentlich keine Kleidungsstücke, sondern die wahre und ureigene Haut der echten Österreicher.

3. Sozialverhalten und Geselligkeit

Besuchen Sie unbedingt die kultartigen Massenzusammenkünfte in Zelten, Mehrzweckhallen oder anderen Örtlichkeiten, an denen man Biertische aufstellen und Bars installieren kann, und dabei

- trinken Sie, soviel Sie können, oder durchaus auch ein wenig mehr, falls Sie das nicht wollen,
- stellen Sie sich – zumindest in Salzburg – beim Musikstück »Rainermarsch« auf den Tisch,
- drücken Sie pathetisch Ihre rechte Hand auf die linke Brustseite und singen Sie lautstark und ohne Rücksicht auf die Intonation die Silben »Hu Hegiment da Heiner ...!« Die Reaktionen werden Sie verblüffen.

4. Kultur

Lernen Sie Schunkeln. Das ist jene ungelenke Massensitztanzart, die Uneingeweihte zuweilen an komatöse Zustände erinnern mag, die nichts desto trotz aber die mit Abstand liebste Bewegungsform der Österreicher ist. Zu diesem Nationaltanz werden gerne folgende Lieder gesungen:

- »Ein Pro-ho-sit der Gemüatlichkeit«
- »Es gibt kein Bier auf Hawaii«
- »Schnucki, Schnucki, hitz fahr ma nach Kentucki«

oder zu fortgeschrittener Stunde durchaus auch

- »Zipfi eini, Zipfi außi, aba heit geht's guat«

und selbstverständlich auch

- »I am from Austria«

5. Religion

Egal, welchen Glaubens Sie sind, werden Sie unbedingt glühender und fanatischer Anhänger der österreichischen Nationalreligion »Schifahren«! Das heißt nicht, dass Sie das Schifahren an sich erlernen müssen – das überlässt der Österreicher aus kostentechnischen und bewegungsallergischen Gründen zusehends den Touristen – sondern, dass Sie über scheinbar uninteressante

Details dieser globalen Randsportart unbedingt Bescheid wissen sollten:

Wenn Sie mindestens 12 Österreichische Schihelden der letzten 100 Jahre, darunter unbedingt die Namen Sailer, Schranz, Klammer und Moser-Pröll mit den jeweiligen Disziplinen, Wettkampfjahren und Stockerlplätzen aufzählen können und wissen, dass sich die Mausefalle in Kitzbühel und der Hundsschopf in Wengen befindet und dass das Kandaharrennen überraschenderweise nicht in Afganisthan sondern in Garmisch-Partenkirchen stattfindet, wird Ihnen das mehr nützen, als ein Magistertitel in österreichischer Kulturgeschichte.

Auch Sätze wie »Aba da Marcel is scho a Hund, ha, da Marcel, ha, echt a wilda Hund, da Marcel, ha« sowie »und fesch is sie a no die Fenningerin, Teife eine noamal!« können sehr hilfreich sein.

Wenn Sie darüber hinaus noch überzeugend darlegen können, dass die Konkurrenten aus Italien »adrahte Hund«, jene aus der Schweiz « miade Kuahglocknsumperer« sind und » de Piefke in Schifahrn sowieso nia so vü reißn werdn wia mia« steht der endgültigen Verbrüderung nichts mehr im Wege, außer Sie begehen einen nicht mehr gut zu machenden Kardinalfehler.

Merken Sie sich unbedingt: Wenn die österreichischen Schifahrer oder Schifahrerinnen im Klassement auf den hinteren Plätzen landen, liegt das in keinem Fall an ihrer Leistung, sondern wahlweise

- an der unzulänglichen Pistenpräparierung eines unprofessionellen Veranstalters
- an der gemeinen Kurssetzung eines hinterhältigen gegnerischen Trainers
- an der fehlerhaften Zeitnehmung einer stümperhaften Firma
- oder am orkanartigen Gegenwind, der ausschließlich bei österreichischen Läufern auftrat .

In diesem Sinne:
Viel Erfolg bei der Blitz-Austrifizierung,
Zicke-Zacke-Zicke-Zacke hoi hoi hoi!

Atomkraftwerke in Almhütten – oder was?

Energiepolitik und Raumordnung als Balanceakte zwischen Form und Inhalt

Vielerorts wird über Photovoltaikanlagen heiß diskutiert. Sie liefern saubere Sonnenenergie, sind aber oft so massiv im Grünland gestaffelt, dass sie vielen zum optischen Ärgernis werden. Die Frage ist: Wiegt der positive Inhalt, also die saubere Energie, die störende Form auf? Anscheinend nicht. Fast immer ist der Mehrheit die Form, also das Landschaftsbild, eindeutig wichtiger als der Inhalt. Wenn man dieses Muster gedanklich auf die Spitze treibt, dann würden allerdings auch Atomkraftwerke in Almhüttenform eher akzeptiert als Photovoltaikanlagen – und so wird es hoffentlich wohl doch nicht sein.

Eine anderer Ansatz: Wäre die Ablehnung der geometrischen, spiegelnden Flächen genauso groß, wenn an derselben Stelle Glashäuser einer Großhandelskette stünden, die Steuereinnahmen und Arbeitsplätze für die Gemeinde brächten? Wäre dann der Inhalt plötzlich doch wichtiger als die Form? Lassen wir uns deshalb auch die Tore zu unseren Dörfern durch unglaublich hässliche Super- und Fachmarktzentren verschandeln, ohne zu murren?

Die Lösung wird wohl irgendwo in der Mitte liegen, in der Balance zwischen Form und Inhalt.

Photovoltaik ist ein wichtiger Beitrag zur nötigen Energiewende, sie sollte allerdings mit Augenmaß positioniert werden. Es gibt viele positive Beispiele, wo sich die Anlagen in die Landschaft einfügen. Und viele Gemeindepolitiker müssen sich ernsthaft überlegen, ob sie mit der ungebremsten Hau-Ruck-Verbauung ihren Gemeinden auf lange Sicht nicht ungleich mehr schaden als nutzen.

Gefordert ist hier auch die Landespolitik , denn diese Themen schreien nach einheitlichen Richtlinien und Vorgaben, die dem lokalen Wildwuchs endlich einen Riegel vorschieben.

Der heilige Michael und unser Paradies

Als unser Gemeindewappen zum Symbol für das Dorfleben wurde.

Ich kann mich noch gut erinnern, wie uns unser Volksschullehrer ein auf Karton gedrucktes Wappen in die Zeichenstunde mitbrachte. Er sagte, das sei der Erzengel Michael, der mit seinem flammenden Schwert das Paradies bewacht und der abwägt, wer hineindarf und wer nicht.

Wir waren beeindruckt, als wir versuchten, ihn möglichst originalgetreu nachzuzeichnen.

Heute wissen wir, dass wir wirklich das Glück haben, im Paradies leben zu dürfen, auf diesem Kontinent, in diesem Land, in diesem Ort. Und manchmal spielen wir nun selbst Wächter vor dem Tor, so zum Beispiel vor etwa zehn Jahren, als bekannt wurde, dass sogenannte Asylanten draußen stünden und Einlass begehrten. Die Aufregung war groß, von manchen wurden düstere Bilder gemalt und verbreitet, die flammenden Schwerter waren in ihren Reden schon gezückt und die Waage schien eindeutig auf eine Seite auszuschlagen. Es war das einzige Mal in meinem Leben, dass ich mich für mein Heimatdorf geschämt habe. Aber es gab auch Menschen, die sich dem entgegenstellten, ihre Position im Ort in die Waagschale warfen sich ihrer christlichen oder einfach menschlichen Werte besannen und die Wogen glätteten.

Es ist keine einzige der damaligen Befürchtungen wahr geworden und heute redet kein Mensch mehr über dieses Thema. Hunderte von Heimatlosen aus vielen Ländern haben in unserem Dorf Zwischenstation gemacht. Einige sind auch geblieben, wurden mehr oder weniger integriert, ihre Kinder sind hier zur Schule gegangen, haben Freunde gefunden und sprechen mitunter beinhartes Lungauerisch. Es gibt entgegen der herrschenden ablehnenden Stimmungslage zu diesem Thema im Land viele solche positive Beispiele, die allerdings leider selten an die Öffentlichkeit gelangen – dass auch mein Heimatdorf für eines gesorgt hat, macht mich ein wenig stolz.

Die Kräuter der Provinz

Ein Gustostückerl aus meinem kulinarisch-humoristischen Hüttenbuch.

Ein paar Tage in den Nockbergen, auf einer einsam auf einem Bergrücken gelegenen Hütte im Grenzgebiet zwischen Lungau und Kärnten, mit wunderbarem Rundumblick, prachtvoller Flora und nicht weit von geschichts- und sagenträchtigen Plätzen wie der Schwarzen Wand und der Blutigen Alm.

Am zweiten Tag stiegen wir zu einer der talwärts liegenden Almen hinunter, um uns dort mit Lebensmitteln zu versorgen. Eine resche Dame im Dirndl breitete eine große Vielfalt vor uns aus, wir entschieden uns für einen Laib frisches Bauernbrot, ein Stück goldgelber Almbutter und verschiedene Käsespezialitäten. Allein den Frischkäse gab es in drei Zubereitungen mit verschiedenen Kräutern. Auf die Frage hin, welche Kräuter das seien, kam die Antwort voller Stolz und in perfekter Aussprache: »Kräuter der Provence«. Das war dann natürlich, um im Stilbruch zu bleiben, der »Walking Gag« beim Aufstieg zurück zur Hütte, am Ende der fröhlichen Wortschöpfungskette stand der Ausdruck »Kräuter der Provinz«.

Oben angekommen wollten wir es dann wirklich wissen und beschlossen, das mitgebrachte Tauernlamm (zugegeben, auch das ist ein kleiner Stilbruch in den Nockbergen) ausschließlich mit Kräutern zu würzen, die wir im Umkreis unserer Hütte fanden, was überraschend gut gelang und auch so schmeckte.

Der Käse, der das Abendessen abschloss, war dann, genauso wie die Butter und das Brot, ein Hochgenuss, der Weg hatte sich wirklich gelohnt. Resümee: Die Nockberge mit ihren sanften Hügeln, so nah aber trotzdem vielen nicht so gut bekannt, sind hiermit wärmstens zur Seelenmassage empfohlen und eigentlich haben wir es überhaupt nicht not, unsere tollen bäuerlichen Produkte mit fremden Federn bzw. Kräutern zu schmücken.

Vom Geheimnis der zweiten Spur

Was ich meinen Verkehrspartnern auf der A10 schon lange einmal sagen wollte.

Eines vorweg: Ich würde nichts lieber als daheim im Lungau in den Zug steigen, es mir gemütlich machen, die vorbeiziehende Landschaft genießen und ein Weilchen später in der Salzachmetropole oder einem anderen Zielort ankommen. Da es das aber zu meinen Lebzeiten wohl nicht mehr spielen wird und ich berufsbedingt gezwungenermaßen sehr viel unterwegs bin, verbringe ich zusammengerechnet knapp zwei Wochen im Jahr auf der Autobahn, unter anderem auf der A10. Dort hat sich in den letzten Jahren eine ganz eigene Fahrkultur entwickelt, die mir Anlass genug ist, meinen Verkehrspartnern (netter Euphemismus) zwei dezente Hinweise zu geben:

1. Der linke Fahrstreifen wird im Volksmund auch Überholspur genannt und das kommt daher, weil diese Spur raffinierterweise dazu gedacht ist, dass die einen Fahrzeuge die anderen Fahrzeuge überholen können. Das Geheimnis dabei ist, dass das überholende Fahrzeug im Moment des Überholens schneller sein sollte als das überholte – gleich schnell reicht nicht. Auch, dass das eigene Auto theoretisch schneller sein könnte, größer, teurer oder einfach viel schöner ist, spielt dabei keine Rolle.

2. Es ist nicht sicher, ob Sie den Planeten retten, wenn Sie als pädagogisch-didaktischer Zeigefinger dreißig Kilometer weit neben einem rauchenden bulgarischen LKW dahinschleichen und so sicherstellen, dass alle Nachkommenden die Geschwindigkeitsbegrenzung einhalten müssen. Sicher ist nur, dass Sie damit sich selbst und viele Unbeteiligte gefährden, weil früher oder später ganz bestimmt jemand anfängt, auf dem rechten Fahrstreifen, in Schlangenlinien oder auf dem Pannenstreifen zu überholen und sich dann waghalsig wieder hineinzudrängen.

So, jetzt ist es raus! Endlich!

Der Bonushebel

Wir Bürger sind Eigentümer der Landesbetriebe. Das könnten wir zur Mitsprache nutzen.

Jetzt wissen wir also, was die Spitzenmanager der Landesbetriebe verdienen. Ihr Grundgehalt ist mit jenem des Landeshauptmannes gedeckelt, dazu kommen noch Bonuszahlungen. Experten sagen dass sie damit sehr gut bezahlt sind. Damit habe ich kein Problem, es sollen ja fähige Leute an der Spitze unserer Betriebe, die für die Infrastruktur wichtig sind und auch erkleckliche Summen für das Landesbudget erwirtschaften, stehen. Und Boni sind in Managerverträgen Standard, spannend dabei ist aber, wie ihre Höhe zustande kommt. Meistens wird vor allem der Gewinn herangezogen, was dann natürlich auch die Strategien der Betriebe bestimmt – aber muss das so sein?

Was, wenn wir Bürger als Eigentümer zusätzliche Kriterien für die Ausschüttung der Boni in die Verträge schreiben wollen? Dass die Höhe nicht nur vom wirtschaftlichen Erfolg abhängt, sondern auch von anderen Faktoren. Zum Beispiel, dass die geplanten Vorhaben auch unter der größtmöglichen Schonung der betroffenen Bevölkerung, der Natur und des Landschaftsbildes zu erfolgen haben. Die Ausschüttungen an das Land könnten dann geringer ausfallen, das ist klar. Es geht also auch um die Frage, ob uns die Rücksichtnahme auf Mensch, Natur und Landschaft die mögliche Einbuße wert ist. Man könnte dies bei einer Eigentümerversammlung im Rahmen einer Bürgerbefragung leicht herausfinden.

Und dann? Womöglich stellt sich dann völlig überraschend heraus, dass, um nur ein paar Beispiele zu nennen, manche Kraftwerke gar nicht so ungemein wichtig, manche Flugzeiten und –routen doch änderbar, Alternativtechnologien wie das Erdkabel dort und da doch Stand der Technik und machbar sind. Das wäre dann ein fetter Bonus für alle Beteiligten.

Die Landeslederhose

Landeshauptmann und Finanzreferent im Gespräch über politikgerechtes Styling.

S: Du, Wilfried, unsere Imageberater sagen, du solltest dir einmal eine zünftige Lederhose anziehen.

H: Sicher nicht. So eine plumpe Anbiederung an das Volk ist nicht mein Stil. Ein Landeshauptmann in kurzen Hosen, das ist doch lächerlich. Und wofür soll das überhaupt gut sein?

S: Weißt du, es werden immer mehr Stimmen laut, dass wir nach außen hin einen neuen politischen Stil propagieren, hinter den Kulissen aber entgegen allen Wahlversprechen weiter den alten, beinharten Proporz betreiben wie eh und je.

H: Warum denn das?

S: Na ja, ganz optimal ist die Optik halt wirklich nicht, wenn ich wochenlang ein finanzpolitisches Horrorszenario nach dem anderen an die Wand male und vom beinharten Sparzwang in allen Ressorts rede und ausgerechnet wir selbst dann die Fördermittel für die eigene Partei erhöhen – und das auch noch ganz elegant mit den Roten beschließen, mit denen wir anscheinend überhaupt nicht mehr können.

H: Du meinst also, die Leute glauben wirklich, was man vor einer Wahl sagt und wir sollen die Förderung zurückgeben und unsere Politik ändern? Im Ernst jetzt?

S: Natürlich nicht. Und genau da kommt die Lederhose ins Spiel. So eine Lederhose ist nämlich nicht nur extrem schneidig, sondern auch eine Art politische Tarnkappe. Die Leute sehen dem Lederhosenträger vieles nach und über manches hinweg. Schau nur über den Walserberg nach Bayern. Da bekommen die ärgsten Amigos die absolute Mehrheit – und womit? Mit Laptop und L-e-d-e-r-h-o-s-e!

H: Tja, so gesehen ... und in diesem Fall ... ich nehme an, du hast schon eine mit, oder?

S: Ein wahres Prachtexemplar. Hirsch, gespeckt.

H: Nun denn: Für mein Salzburg tu' ich alles.

Potemkinsche Dörfer

Ein (im doppelten Sinne) wegweisendes Tourismusprojekt als Symbol für eine fatale Entwicklung.

Der Sage nach ließ Marschall Potjomkin beim Besuch der Herrscherin Katharina II. in Neurussland bemalte Häuserkulissen entlang des Weges aufstellen, um den wahren, trostlosen Zustand des Landstrichs zu verbergen. Diese Finte ging in eingedeutschter Version als Potemkinsches Dorf in den Sprachgebrauch ein.

Neulich wurde im Pinzgau ein denkwürdiges Tourismusprojekt präsentiert. Lofer hat einen sehr schönen historischen Ortskern, der durch die allseits bekannten Entwicklungen und durch ein ortsspezifisches Investitionsmonopoly allerdings seine wirtschaftliche und soziale Funktion verloren hat und in dem viele zentrale Gebäude leer stehen. Hinter die historischen Fassaden dieser Häuser will man ein riesiges Hotelprojekt mitten in den Ort stellen.

Ich will gar nicht über dieses Projekt urteilen, es symbolisiert für mich aber exemplarisch den Niedergang unserer Dörfer. Die dörfliche Fassade ist zwar noch aufrecht, wir brauchen sie ja, um für die Touristen (und auch für uns selbst?) den schönen Schein zu wahren, die Infrastruktur ist aber schon lange abgezogen oder ausgedünnt und hinter den Kulissen (sic!) streiten die Experten nur mehr darüber, ob der Siedlungsraum der Zukunft rund um wenige zentrale Orte in den Bezirken oder gar nur mehr in und um die großen Städte konzentriert sein wird.

Wir sind dabei, unsere eigene Version der Potemkinschen Dörfer zu bauen, leere touristische Hülsen, in denen die Grundstückspreise so lange steigen, bis wir uns das Wohnen dort nicht mehr leisten können und in die wir dann von den Speckgürteln aus einpendeln müssen, um dort zu arbeiten.

Sie finden, das ist alles abstruse Schwarzmalerei? Ich fürchte, es ist leider nur eine leichte Zuspitzung.

Gute und böse Technik am Berg

Warum lässt man immer nur über Windräder abstimmen und über andere Projekte nicht?

Sie ist also ausgegangen wie erwartet, die Abstimmung über das Windkraftprojekt in St. Margarethen: Es wurde mit großer Mehrheit abgelehnt. Ob das Ganze einfach ein geschickter Schachzug war und ob lokalpolitische, ökonomische und persönliche Interessenslinien innerhalb des Dorfes wichtiger waren als der eigentliche Inhalt, sei dahingestellt. Auch die vertrauliche Aussage eines Wirtschaftsfunktionärs, der ganz bestimmt nicht ökologisch oder gar grün angehaucht ist, und mir schon vor Jahren hinter vorgehaltener Hand zuflüsterte, dass »die bled'n Radln scho lang steh' tat'n, wann da richtige Betreiber dahintastand',« spielt jetzt keine Rolle mehr.

Es gab in der Diskussion auch schlüssige Einwände gegen das Projekt, äußerst bemerkenswert war aber das entscheidende Hauptargument und von wem es kam: Die Tourismuswirtschaft und die Seilbahnbetreiber argumentierten, die Windräder würden dem Tourismus schaden, denn man könne den Gästen nicht zumuten, dass große technische Anlagen weithin sichtbar in einem Schi- und Wandergebiet stünden.

Ausgerechnet jene, die uns immer weismachen wollen, dass es in jedem Jahr neue, immer noch spektakulärere technische Spompernadln braucht, um Touristen ins Gebirge zu locken, und dass deshalb alle nur erdenklichen Monstrositäten auf, in, durch und zwischen die Berge gebaut, gespannt, gesprengt und gegraben werden müssen, fürchten nun, dass die selben Touristen vor drei Windrädern die Flucht ergreifen würden? Was ist denn da der Unterschied?

Aber bitte – wenn schon, denn schon: Stimmen wir einfach über ALLE technischen Anlagen in Gebirgsregionen auf Gemeindeebene ab – vielleicht hört dann das sinnlose, millionenschwere Wettrüsten dort endlich auf.

Traumjob: Rechtspopulist in Österreich

Was muss man eigentlich drauf haben, um einen Wahlsieg nach dem anderen einzufahren?

Nicht viel. Vor allem muss man relativ jung, fesch und männlich sein, damit sich die Nachwuchsklientel mit einem identifizieren kann. Zusätzlich braucht man eine gewisse Bühnenpräsenz auf unterem Bierzeltniveau und eine laute, dröhnende Stimme. Damit muss man gebetsmühlenartig die dumpfen Parolen und mehr oder weniger gelungen gereimten Sprücherl seiner Einflüsterer einigermaßen unfallfrei aufsagen und fallweise einen Rap in Kinderreimform hervorknödeln können. Dass man dabei einen guten Magen braucht, versteht sich von selbst. Neben der Zielgruppe »Junge Modernisierungsverlierer« muss man hin und wieder auch die der »Alten Haudegen« bedienen, am besten mit wohldosierten Anspielungen aus der rechten Mottenkiste. Dabei muss man vor allem darauf achten, dass man vorerst noch »österreichisch« sagen muss, wenn man »deutsch« meint. Das reicht dann eigentlich schon locker für 25 Prozent der Stimmen.

Bis vor fünf Jahren haben Experten noch behauptet, nur ein politisches Ausnahmetalent könne derartige Ergebnisse erreichen, mittlerweile macht sich aber die Einsicht breit, dass das eigentlich jeder kann, auf den die Beschreibung halbwegs zutrifft. Das liegt an zwei Umständen. Zum einen treiben einem die sich gegenseitig und damit das ganz Land lähmenden Regierungsparteien die Wähler in Scharen zu, zum anderen sind diese Wähler dann zum Großteil entweder vergesslich bis an die Grenze zur Demenz oder sie wollen im Grunde gar nicht, dass man jemals regiert, wählen einen aber trotzdem – warum, wird wohl immer ihr schauriges Geheimnis bleiben.

Rechtspopulist in Österreich: Geringe Anforderungen, garantierter Erfolg und nie in der Verantwortung – der allerletzte Traumjob in der Politik.

Schöne Bescherung

Familie Österreicher erlebt kurz vor Weihnachten eine ganz böse Überraschung.

Vati: Du Mutti, das ist jetzt voll blöd, irgendwie. Ich hab' g'rad' auf unser'm Konto nachg'schaut und da is urplötzlich ein riesiges Loch.

Mutti: Na ja, urplötzlich ... eigentlich wiss' ma doch schon lang', dass es vorn und hinten fehlt, Schatzerl. Wir haben ziemlich über unsere Verhältnisse g'lebt und dann noch die Hypothek vom Jörgerl-Onkel seinem Erbe. Wenn ich da nicht immer so trickst hätt' mit dem Haushaltgeld, tät' schon lang der Kuckuck am Kuchikastl pick'n.

Vati: Aber grad jetzt ist's ganz blöd, wo wir den Kindern so viele schöne Sachen für Weihnachten versprochen hab'n, damit sie uns wieder ganz toll lieb haben.

Mutti: Und du glaubst, die hab'n das diesmal ernst g'nommen? Bisher hab'n sie immer brav ihre Wunschzetterl abgeb'n und höchstens ein biss'l g'motschkert, wenn dann nix unter'm Christbaum g'leg'n is.

Vati: Nein, sie haben g'sagt, wenn das wieder passiert oder noch einmal im Nachhinein das Taschengeld kürzt wird, ziagn's zum Onkel H.C.

Mutti: Undankbare G'fraster. Da bleiben uns jetzt nur noch zwei Möglichkeiten. Entweder wir plündern die Sparbüchl, die wir für ihre Zukunft ang'legt hab'n und kaufen ihnen dafür ein paar Zuckerl, damit's a Ruh' geb'n, oder wir melden Privatkonkurs an und lassen uns scheiden.

Vati: Und dann?

Mutti: Na ja, dann muss halt jeder schauen, wo er bleibt und sich wen ander'n suchen.

Vati: Aber geh', Mutti, wir haben's doch schon sooo lang sooo schön kuschelig miteinander, wir zwei. Wir g'hörn'n doch z'samm wie ... Pech und Schwefel.

Mutti: Pest und Cholera meinst sicher. Aber du hast ja eh recht. Keine Experimente. Her mit die Sparbüchl, ich geh gleich zur Bank.

Vati: Und dann schau ma weiter, kommt Zeit kommt Rat.

Mutti: Wenn du glaubst es geht nicht mehr ....

Auf Augenhöhe

Gedanken bei einem Klassentreffen vor dem Hintergrund der Bildungsdiskussion.

Vor elf Jahren haben sie die Musikhauptschule abgeschlossen und sind ins »wahre Leben« hinausmarschiert. Nun, beim Klassentreffen erzählen sie, wie es ihnen dabei ergangen ist. Manche haben eine Lehre absolviert und arbeiten in ihren Berufen oder sind gerade dabei die Meisterprüfung zu machen, andere haben weiterführende Schulen besucht, sind dann ins Berufsleben eingestiegen, arbeiten in der Verwaltung oder in der Privatwirtschaft, einige studieren noch, manche haben ihr Studium schon abgeschlossen, mitunter in Mindestzeit und mit Auszeichnung. Tischler, Forsttechniker, Maschinenschlosser, Zimmerer, Gastronomen, Lehramtskandidaten, Krankenschwestern, Streetworker, Verwaltungsassistenten, Juristen, Agrar- und Wirtschaftswissenschaftler, mehrheitlich natürlich –innen, weil mehr Mädchen als Burschen in der Klasse waren.

Ein Teil ist im Lungau geblieben, ein Teil ist weggezogen, um zu arbeiten oder zu studieren, manche davon sind wieder zurückgekommen, andere nicht. Die Gespräche über Beruf und Studium, Chancen, Alltagsleben, Familien und die alten Zeiten finden dabei absolut auf Augenhöhe zwischen den »Studierten« und den »Nicht-Studierten« statt, irgendwie scheint jeder seinen Platz gefunden zu haben. Das ist schön zu erleben, denn es ist eigentlich gegen den Trend unserer auseinanderdriftenden Gesellschaft.

Was der Grund dafür sein könnte? Genau gesehen waren wir damals eine ländliche Gesamtschulklasse mit Musikschwerpunkt und differenziertem Unterricht in den Hauptfächern. Und wenn man sich nun die Rückmeldungen dieser jungen Menschen anhört, bekommt man das Gefühl, dass da eigentlich gar nicht so viel falsch und vieles richtig gelaufen sein muss. Nicht mehr und nicht weniger.

Das Trockenschwimmersyndrom

Wir wollen schwimmen, ohne nass zu werden – und wehe, das funktioniert einmal nicht.

Wir wollen alle immer uneingeschränkt mit unseren geliebten Privatkarossen in die Stadt fahren, selbstverständlich ohne im Stau zu stehen oder lange einen Parkplatz suchen zu müssen.

Wir wollen alle gleich von daheim aus die entlegensten Hausmeisterstrände und angesagtesten Metropolen dieser Welt anfliegen, nur Fluglärm wollen wir keinen.

Wir wollen natürlich perfekte Lebensmittel konsumieren, Fleisch, Milch, Käse und Eier von rundum gesunden und glücklichen Tieren, makelloses Obst und Gemüse, das selbstverständlich ohne Verwendung von Gentechnik und Chemie produziert wurde, dafür einen höheren Preis zahlen wollen wir aber nicht.

Wir wollen alle saubere Energie verwenden, nur Kraftwerke, egal welche, wollen wir keine in unserer Umgebung.

Wir wollen alle die beste Luftqualität in unseren Wohngebieten, die sollten idyllisch im Grünen gelegen sein, allerdings auch Autobahnanschluss haben – selbstverständlich ohne Geschwindigkeitsbeschränkung.

Wir wollen alle schwimmen, ohne nass zu werden.

Wir modernen, mitteleuropäischen Menschen verhalten uns wie verwöhnte kleine Kinder. Wir wollen alles tun und haben, was uns gefällt, ohne die Konsequenzen dafür tragen zu müssen. Das liegt wohl daran, dass uns die Werbung, die kommerzielle genauso wie die politische, ständig vorgaukelt, dass das tatsächlich möglich ist, wenn wir nur das richtige Produkt kaufen oder die richtige Partei wählen. Und wenn es dann einmal nicht so ist, sind wir zutiefst enttäuscht und führen uns auf die die Kleinen im Supermarkt, die sich brüllend auf den Boden werfen und an die bunten Lutscher krallen – und sie am Ende auch so gut wie immer bekommen.

Aber eigentlich sind wir doch schon erwachsen, oder?

Heiße Eisen – hüben und drüben

Schießen oder glühen. Was die Menschen dies- und jenseits des Atlantiks für wahre Freiheit halten.

Über manche Verhaltensweisen der US-Amerikaner kann man als Europäer nur den Kopf schütteln, zum Beispiel über ihr Faible für den uneingeschränkten Privatbesitz von Waffen. Über dieses Thema lassen sie einfach nicht mit sich diskutieren, da werden die haarsträubendsten Argumente gebracht, bis hin zu dem, dass man Amokläufe in Schulen verhindern könnte, wenn auch die potentiellen Opfer alle bewaffnet wären. Das Tragen von Schießeisen ist für die Mehrheit der US-Bürger der Inbegriff von Freiheit und nicht verhandelbar. Mit dem heißen Eisen, das für die Mehrheit der Europäer Freiheit symbolisiert, schießt man nicht, sondern man fährt – oder glüht, wie es so schön heißt.

Die Einschränkung des Individualverkehrs, in welcher Form auch immer, lässt den braven Europäer auf die Barrikaden steigen wie nichts anderes – siehe Tempo 80 auf der Salzburger Stadtautobahn. Nicht, dass man dieses Thema nicht kontrovers diskutieren sollte, es gibt genügend Argumente für und wider, verblüffend ist nur, wie emotional und irrational das teilweise abläuft. Wenn in einschlägigen Foren auf tiefstem Niveau beleidigt, gehetzt und dazu aufgerufen wird, man soll den Abschnitt so befahren, dass Lärm und Schadstoffausstoß möglichst hoch sind, wenn die Beschränkung kommt, ist das schon nicht mehr allzu weit weg vom Fanatismus der amerikanischen Waffennarren.

Was dabei nachdenklich stimmt: Die schleichende Einschränkung unserer Bürgerrechte in den letzten Jahren wird von einem Großteil der Bevölkerung mit einem Schulterzucken zur Kenntnis genommen, eine Tempobeschränkung auf ein paar Kilometern lässt dann aber die Emotionen derartig hochkochen – da stimmt einfach das Verhältnis nicht.

Die Christkindl-Recherche

Wer ist das eigentlich genau und was macht es die restlichen 364 Tage im Jahr?

In der frühen Kindheit war es einfach: Ich wartete mit glühenden Wangen, bis endlich das Glöcklein ertönte und ich ins Wohnzimmer stürmen durfte, zum leuchtenden Baum und den Geschenken, die das Christkind gebracht hatte. Und manchmal war mir, als hätte ich noch eine Strähne güld'nen Haars hinter dem Vorhang verschwinden sehen.

Schwierig wurde es, als ich mich irgendwann fragte, wer dieses Christkind nun genau sei. Das Jesuskind konnte es nicht sein, denn das lag ja vor der Bescherung nachweislich in der Krippe und lächelte dem störrischen Esel zu. Und die Flügel, die das Christkind haben musste, weil es vor dem Haus nie auch nur eine winzige Spur hinterließ, fehlten ihm auch. Also wäre ein Engel naheliegend gewesen. Aber die Putten in der Kirche waren dafür eindeutig zu jung und zu kindisch und Erzengel wie der Heilige Michael in unserem Gemeindewappen zu männlich und zu ernst. Die Schutzengel, die auf den bunten Bildern Kinder durch Schluchten oder über Brücken geleiteten, wären vom Aussehen her hingekommen, hätten aber während der Bescherung ihre Schützlinge alleine lassen müssen, was undenkbar war. Es wurde zum Problem für mich. Bei der Recherche in der Kinderbibel fand ich scharenweise Männer mit Bart und Frauen mit Kopftuch, aber keine Spur vom Christkind. Am Ende war ich dann fast erleichtert, als sich die Eltern als selbiges outeten.

Bye bye, Onkel Frank!

Kultige Fernsehauftritte und ein zerstrittenes Söldnerteam – was bleibt von Stronach?

Kurz nach deinem Einstieg in die Politik habe ich dir unter dem Titel »Lass stecken, Onkel Frank!« geraten, es wieder sein zu lassen, weil du sonst zur Lachnummer verkämst. Du hättest dir viel ersparen können. Nun hast du dein mit zig Millionen erkauftes Hinterbankl im Nationalrat geräumt und rauscht ab. Wenn du in Zukunft am Strand in Florida einen Anruf vom Team Stronach bekommst, wirst du vielleicht zurückrufen, hast du gesagt. Musst du aber nicht, finde ich.

Und was ist jetzt unter dem Strich dabei herausgekommen? Ich finde, neben dem Unterhaltungswert deiner Auftritte auch die sehr positive Erkenntnis, dass fast unbeschränkte Geldmittel und Dauerpräsenz in den Boulevardmedien nicht reichen, um als Politiker in diesem Land Fuß zu fassen. Man kann sich zwar billige Mandatare in Klubstärke zusammenkaufen, auf Dauer aber nicht mehr als ein paar Prozent der Wählerstimmen. Wem die bei der Wahl dann fehlten, war allerdings nicht ganz unbedeutend – danke dafür.

Eine weitere Erkenntnis ist wohl, dass Erfolg in der Wirtschaft und Erfolg in der Politik zwei völlig verschiedene Paar Schuhe sind und dass die Anforderungen an Politiker in Wirtschaftskreisen oft brutal unterschätzt werden.

Und was wird jetzt aus deinem »Team«? Du selbst wirst ihm, mit Verlaub, nicht sonderlich fehlen, man wollte dich ja sogar schon aus dem Parteinamen streichen – dein Geld aber ganz sicher. Und das könnte auf mittlere Sicht auch auf die Salzburger Landespolitik Einfluss haben.

Du hast auch noch gesagt, du würdest jetzt lieber Einkaufszentren bauen. Ich möchte dich noch einmal warnen, auch in diesem Metier kann man in Österreich zur veritablen Witzfigur werden, deshalb: Hände weg vom Opernball!

Die neue Altstadt oder der chinesische Weg

Die endgültige Lösung der Salzburger Verkehrsprobleme ist eigentlich ganz einfach.

Gegen die Verstrickungen der Salzburger Verkehrspolitik ist der Gordische Knoten ein Klettverschluss, das zeigt die Diskussion um die Mönchsberggarage wieder einmal deutlich. Die einzelnen Interessen von Wirtschaft, Tourismus, Pendlern und Anwohnern sind einfach zu gegensätzlich. Die einen wollen in Massen auf der grünen Welle bis ins Zentrum reiten, um zu arbeiten, zu shoppen oder festzuspielen, die meisten, die in der Stadt wohnen, wollen gerne mitreiten, aber nicht durch den dadurch entstehenden Verkehr belästigt werden. An diesem Standort wird das wohl leider nichts mehr werden, fürchte ich.

Und da kommen jetzt die Chinesen ins Spiel. Die haben bekanntlich innerhalb eines Jahres nahe der Stadt Boluo das idyllische Hallstatt originalgetreu nachgebaut. Na, klingelts jetzt? Wir brauchen nur noch einen geeigneten Standort, am besten an einem Autobahnknotenpunkt, dann können wir dort sofort mit dem Nachbau der Salzburger Altstadt beginnen. Das Konzept könnte folgendermaßen ausschauen: Rund um die »neue Altstadt«, verdeckt durch die aufgeschütteten Stadtberge, entsteht ein achtspuriger Autobahnring von dem aus sternförmig Abfahrten in den riesigen, unter die Stadt gebauten Tiefgaragenkomplex führen. Von dort aus werden Personen und Waren mit hunderten von Aufzügen und Rolltreppen direkt an die Oberfläche, in eine völlig autofreie Altstadt transportiert. Mit dem Auto ins Herz einer autofreien Stadt fahren – die Quadratur des Kreises! Außerdem könnten die frei werdenden Gebäude in der alten Altstadt in Wohnraum umgewandelt werden, was auch dieses Problem mit einem Schlag lösen würde.

Nun stellt sich nur noch die Frage, wer das alles finanzieren soll. Na ja … vielleicht die Chinesen?

Olympische Ode

Die Karawane zieht weiter und der nette Herr Putin packt sein Lächeln wieder ein.

Hochgeschätzter Wladimir,
Österreich ist dankbar dir
für die schönen Winterspiele
voller toller Glücksgefühle.

Bronze, Silber und auch Gold
haben wir zuhauf geholt,
auch wenn Miesepeter unken
einiges hätt' da gestunken.

Menschen wurden deportiert,
die Natur en gros zerstört,
weil so auch noch die kassierten,
die die Show dir finanzierten.

Die davon Betroffenen,
die mit Unmut, offenem,
demokratisch aufbegehrt
haben, hast du weggesperrt.

Sport ist heute Business pur,
Bürgerrechte stör'n da nur,
d'rum versteh'n 's Olympia's Schranzen,
es dem Richt'gen richtig zuzuschanzen.

Eitel Wonne dann vor Ort,
zelebriert wird großer Sport
und dabei wird manch' Despoten
ungeniert Präsenz geboten.

Kaum ist's Flämmchen dann erloschen
wird verhaftet und verdroschen,
doch der Welt ist's einerlei,
denn die Spiele sind vorbei.

Eine Frage ist noch offen:
Wer darf nun auf Spiele hoffen?
Wohin führt Olympia'sTrip?
Nordkorea wär mein Tipp.

Honig, Bier & Wählerstimmen

Wie wir Wähler es sachlich orientierten Gemeindepolitikern oft sehr schwer machen.

Eines möchte ich gleich am Anfang klarstellen: Ich habe großen Respekt vor Menschen, die sich in der Gemeindepolitik engagieren, denn als Gemeindepolitiker, vor allem als Bürgermeister, ist man, anders als in der »höheren« Politik, den Interessen und Reaktionen des »Wahlvolks« direkt und persönlich ausgesetzt.

Ganz tief ziehe ich meinen Hut vor jenen, die es dabei schaffen, die Interessen des Gemeinwohls über jene der eigenen Partei zu stellen und davon gibt es – auch dank Direktwahl – gar nicht so wenige. Es gibt natürlich auch Gegenbeispiele: Parteisoldaten oder beinharte Vertreter von Interessengruppen im Ort, Marionetten von Clans und Lobbys, Wadlbeißer und Blender, die ihren Mangel an Ideen und Perspektiven durch heimatschwangere Reden und Posen verschleiern und Anbiederer, die über Vereinsmeierei politisches Kleingeld machen. Aber vielleicht tragen wir als Wähler dabei mehr Mitverantwortung, als wir glauben wollen.

Bei einem Gespräch zu fortgeschrittener Stunde nach einem Konzert hat mir ein Bürgermeister einmal sein Leid geklagt. Ein wenig desillusioniert sagte er: »Wann i mit riesigem Einsatz was auf die Fiaß' stell', was dem Ort strukturell für die nächst'n Jahre und Jahrzehnte entscheidende Impulse gibt, bringt mir das nit halb so viele Wählerstimmen, wie wann i bei jedem Hunddaschlag'n* dabei bin, a paar Bier zahl' und dabei jedem den Honig ums Maul schmier' – von der Zeit, die dabei d'raufgeht, möcht' i gar nid red'n.«

Wir sollten uns also gut überlegen, ob wir lieber mehr Bier und Honig oder sachliche, zukunftsorientierte Politik für die Gemeinde wollen, wenn wir am Sonntag unser Kreuzerl machen.

* Dialektausdruck für: Mehr oder weniger sinnvolle Veranstaltung

Der Willi wird nicht mehr kommen

Ein kleiner Dank an jene, die Natur und Landschaft ganz still einen großen Dienst erweisen.

Der Willi wird ab heuer nicht mehr kommen, hat er gesagt. Er geht jetzt stark auf den Achtziger zu und irgendwann muss man halt einmal auslassen, auch wenn es schwerfällt. Seine Felder hat er schon verpachtet, die Kühe stehen zwar noch im Stall, werden aber bald abgeholt werden. Der Willi hat fünfzehn Jahre lang die

Wiesen rund um mein Haus gemäht, mit der Sense, weil es dort mit dem Mäher nicht möglich ist, vom Traktor ganz zu schweigen, wegen der Obstbäume und der verwinkelten Hecken.

Er hat immer gewartet, bis die Wiesenblumen – Margeriten, Glockenblumen, Bocksbart und viele andere – verblüht waren, lange bevor es eine Förderung dafür gab; wegen der Bienen, der Kräuter im Futter und weil es einfach schön ist. Haben wollte er dafür nie etwas. Wenn ich zu Hause war, bin ich mit einem kleinen Bier zu ihm hinaus und wir haben ein wenig geplauscht, meistens über das Leben und die Veränderungen. Er war immer über die neuesten Entwicklungen informiert, begeistert davon war er selten. Es geht halt alles vom Kleinen zum Großen, meinte er. Solche Fleckerl wie meine Wiese und solche kleinen Nebenerwerbsbauern wie er passen heute nicht mehr in das System.

Heute heißt es wachsen oder weichen, das wird schon den Jungbauern so eingetrichtert – mehr Fläche, mehr und größere Maschinen, mehr Chemie, mehr Abhängigkeit von Institutionen und Konzernen. Was das auf lange Sicht für das Bauernleben und die erzeugten Lebensmittel bedeutet, kann man erahnen, was es für die Landschaft bedeutet, wird man bald sehen.

Bleibt nur noch, mich zu bedanken; beim Willi und bei allen anderen, die noch kleine Flächen bewirtschaften und so unserer Natur und unserer Landschaft ganz still einen großen Dienst erweisen.

Im Paradies der mittleren Mittelschicht

Gedanken zu Europa beim vorösterlichen Besuch eines pannonischen Konsumtempels.

Am nördlichen Ufer des bekannten Steppensees, wo die Weingärten in Windparks übergehen, zwischen dröhnender Autobahn und leuchtenden Rapsfeldern, steht das Objekt der Begierde von zigtausenden Menschen aus halb Mittel- und Südosteuropa. Glückselig wälzen sie sich durch die zuckerlfarbene Architektur, die die kitschigstmögliche Kulisse einer drittklassigen Pusztaoperette daneben abstrakt aussehen ließe, um die neuesten Kreationen der bei der mittleren Mittelschicht gerade angesagtesten Designer zu erwerben. Die Beute wird sogleich in bunte Säcklein mit Firmenlogos gestopft, die man dann wie Reliquien vor sich herträgt. Man kann das pure Glück der Träger förmlich mit Händen greifen.

Was auffällt: Der Mix aus Nationen, der in anderen Zusammenhängen oft zu Konflikten führt – am Parkplatz stehen Mittelklassewagen aus Österreich, Ungarn, der Slowakei, Deutschland, Kroatien, Bulgarien, Rumänien und Serbien – ist hier freundlich im Konsum vereint. Was noch auffällt: Es sind weit und breit keine Bedürftigen oder Bettler zu sehen, dafür sorgen wahrscheinlich die zahlreichen grimmig-schwarzen Knechte der Security. Und so ist dieser Ort ein Symbol für ein grenzenloses Europa derer, die es sich (noch) leisten können.

Draußen in der Wirklichkeit schaut es anders aus, da kann man die Armen nicht einfach aussperren, obwohl das einige liebend gerne tun würden. Da wird Europa nur dann funktionieren, wenn es neben der wirtschaftlichen eine ebenso starke soziale Dimension entwickelt und wirklich allen eine Perspektive bietet. Die Alternative ist der Zerfall in nationalistische Mittel-, Klein- und Kleinststaaten, mit denen auf der Weltbühne und an den Börsen fröhlich Pingpong gespielt wird.

Bettlerbanden und politische Kleingeldschnorrer

Die Kriminalisierung von Armut ist schäbig und löst das Problem in keiner Weise.

Der Armut zu begegnen ist nirgendwo angenehm, mitten im Prunk der heimatlichen Festspielstadt ist es besonders irritierend. Ich versuche mich dabei an einen bekannten Salzburger zu halten, der sagt, dass er nicht jedem Bettler etwas gibt, aber versucht, jedem in die Augen zu schauen. Dabei bekommt man oft ein »unbezahltes« Lächeln zurück und kann sich schwer vorstellen, es mit gefährlichen Bandenmitgliedern zu tun zu haben, wie es uns mache Scharfmacher und politische Kleingeldschnorrer glauben machen wollen.

Der Begriff Bande kommt aus dem Bereich des organisierten Verbrechens und der Versuch, diese bemitleidenswerten Menschen damit in ein schwerkriminelles Eck zu schieben, ist einfach schäbig. Glaubt wirklich jemand, Schwerkriminelle würden sich mit Kleingeld begnügen? Die stellen minderjährige Mädchen auf den Straßenstrich in Schallmoos, was die Entrüsteten aber weit weniger stört, weil das ja die Postkartenkulisse nicht beeinträchtigt.

Alle Menschen, die sich ernsthaft mit dem Problem beschäftigen, benennen die unvorstellbare Armut vor allem der Kinder in den Heimatländern als Ursache. Und die kann man nur dort bekämpfen. In Wahrheit ist es ja auch nicht Angst, sondern schlechtes Gewissen, das in uns bohrt und dessen Auslöser wir vertreiben wollen. Wir ahnen nämlich, dass diese Armut unter anderem ein Kollateralschaden einer europäischen Wirtschaftspolitik ist, von der wir Mitteleuropäer, allen voran Investmentbanken und Aktionäre, in den letzten Jahrzehnten profitiert haben. Es wäre nur billig, nun den Betroffenen in ihren Heimatländern mit von einer Finanztransaktionssteuer finanzierten EU-Programmen gezielt zu helfen. Denn aus purem Jux kommen sie nicht zu uns.

Rettet das barocke Salzburg!

11-Punkte-Programm des überparteilichen Volksbegehrens zum nachhaltigen Schutz der Salzburger Altstadt.

Sehr geehrte Mitbürgerinnen und Mitbürger,

mit der Salzburger Altstadt wurde uns ein barockes Juwel geschenkt und überantwortet, das seinesgleichen sucht.

Die von Meistern wie Solari und Fischer von Erlach verwirklichte Vision der Erschaffung eines »deutschen Roms« mit ihrem Raumkonzept von großen freien Plätzen als architektonische Gärten für Geist und Seele kann uns aber nicht nur als Ort der Erbauung dienen, sondern sollte oder muss uns auch zur behutsamen Bewahrung und möglichst unveränderten Weitergabe an nachfolgende Generationen verpflichten.

Wenn man heute mit offenen Augen durch die Salzburger Altstadt geht und dieses wunderbare architektonische Konzept auf sich einwirken lassen will, kommt man nicht weit, ohne den brutalen Angriffen der gegenwärtigen Brachialkultur schutzlos ausgesetzt zu werden.

Scheußliche Machwerke der sogenannten »Modernen Kunst und Architektur«, die bar jeder formalen Grenze und Ausgewogenheit mit ihrer plumpen optischen und inhaltlichen Provokation ganze Plätze und Ensembles zerstören, weglagern auf den sensibelsten Sichtachsen dieses barocken Gesamtkunstwerks, unsägliche »Events« und andere unnütze Belustigungen belästigen sämtliche Sinne des sensiblen Kunstfreunds und beflecken die Einzigartigkeit unseres kulturellen Erbes.

Diese unerträgliche Situation lässt nur einen Schluss und eine Gegenstrategie zu: Salzburg muss zu seinen Wurzeln zurückkehren und wieder barock werden, unsere sensible Altstadt bedarf des nachhaltigen Schutzes vor den Auswüchsen der Moderne, wir müssen handeln bevor es zu spät ist!

Die Plattform für das Volksbegehren »Rettet das barocke Salzburg« hat hierfür ein 11 Punkte umfassendes Programm ausgearbeitet, das als Grundlage für diese Initiative dienen und schlussendlich durch ein Volksbegehren umgesetzt werden soll.

1. Bauliche Festlegung der Altstadtgrenzen
Durch Restaurierung bzw. wieder- oder falls notwendig Neuerrichtung von Stadtmauern und Stadttoren, wird quasi ein kulturhistorischer Limes geschaffen, der alle schützenswerten Objekte der Altstadt umschließt.

2. Rückkehr zu originalgetreuen Baumaterialien
Die Abtragung der Beläge sämtlicher Plätze und Straßen, die Asphalt, Beton, Waschbeton oder andere stilfremde Materialien beinhalten und deren Ersetzung durch entsprechende Pflasterungen oder aber Rückführung in natürliche Zustände, sprich: Schotter-, Lehm- oder Erdböden, wie sie im Barock üblich waren, bildet im wahrsten Sinne des Wortes die Grundlage für alle weiteren Schritte zur Rebarockisierung.

3. Demontage aller modernen Kunstwerke im öffentlichen Raum
Alle Kunstwerke, die nach dem Stichtag 5. Dezember 1791, dem Todestag W. A. Mozarts errichtet wurden, werden ausnahmslos abgebaut oder geschliffen. Ein Kompromiss könnte hierbei schweren Herzens allenfalls für das zwar keinesfalls im barocken Geist gestaltete, aber beim gewöhnlichen, ungebildeten Volk fast kindliche Wertschätzung genießende klassizistische Mozartdenkmal von Ludwig Schwanthaler aus dem Jahre 1842 gemacht werden.

4. Ausnahmslose Aussperrung von motorisierten Fahrzeugen aus der Altstadt
Diese Maßnahme ermöglicht die Schaffung einer Fußgänger- bzw. Begegnungszone, die ihrem Namen auch gerecht wird. Auch anderen postbarocken Fortbewegungsmitteln wie Fahrrädern, Rollschuhen, Rollerblades, Skateboards oder ähnlichem zeitgeistigem Unfug wird die Einfahrt pauschal verwehrt. Als Transport-

mittel werden ausschließlich Pferdekutschen, Ochsenkarren oder Handwägen zugelassen.

5. Entfernung sämtlicher Stromanschlüsse aus oben definiertem Altstadtbereich

Die Nutzung elektrischer Energie widerspricht dem barocken Lebensgefühl aufs Gröbste.
Als Ersatz werden Kerzen, Öllampen sowie Kienspäne für Beleuchtungszwecke eingeführt, Eisdepots im Mönchsberg könnten genügend natürliche Kühlmittel zur Frischhaltung von Lebensmitteln bereitstellen.

6. Bekleidungsvorschriften und Berufsbeschränkungen

Alle in der Altstadt wohnenden oder sich dort bewegenden Bürger verpflichten sich, zeitgemäße, barocke Kleidung zu tragen. Die Ausübung moderner Berufe wird im gesamten Altstadtbereich verboten, in Härtefällen könnten Umschulungen zu passenderen Berufen wie Kandlgießer, Goldschlager, Fass- Ballen- oder Bürstenbinder, Drahtzieher, Fingerhüter sowie Abdecker, Nachtwächter oder Scharfrichter angeboten werden.

7. Verbot der organisierten Abfallentsorgung sowie Rückbau der Kanalisation.

Aufstellen sowie regelmäßiges Entleeren von Mülltonnen oder anderer Abfallbehältnisse sowie die Tätigkeit der Müllabfuhr an sich wird generell untersagt, die Fäkal- und Abwasserentsorgungssysteme werden auf den Stand von 1750 rückgebaut.
Nur so kann eine ganzheitliche, auch den Geruchssinn miteinschließende Erfassung des Weltkulturerbes in seiner ursprünglichen, barocken Form ermöglicht werden.

8. Zuschüttung der gesamten Altstadt bis zum ersten Stockwerk

Die Zerstörung der ursprünglichen Bausubstanz ist durch die großflächige Perforation der Außenwände zum Zwecke der Errichtung von Schaufenstern und Eingangstüren sowie durch die totale Aushöhlung der erdgeschoßigen Innenräume im Zuge der Schaffung von Verkaufsflächen für diverse Geschäfte, Shops, Boutiquen, Flagstores und dergleichen bereits so weit fortgeschritten, dass eine Sanierung unmöglich bzw. unfinanzierbar erscheint. Was mit den im 20. Jahrhundert entstandenen modernistischen Gebäuden von Holzmeister bzw. Holzbauer im Festspielbezirk geschehen sollte, bedarf noch eingehender Diskussion. Die Palette der Möglichkeiten reicht hier von barockisierender Generalsanierung bis zu Totalabriss und Neubau im barocken Sinne.

9. Deportation von nichtkatholischen Bürgern

Die Notwendigkeit dieses Punkts, der dem Laien im ersten Moment zugegebenermaßen übertrieben erscheinen mag, lässt sich damit begründen, dass das Barock ohne die Gegenreformation nicht denkbar ist, ihr Geist sollte deshalb fürderhin auch die Straßen und Plätze des rebarockisierten Salzburgs durchfluten. Als Grundlage für die praktische Durchführung der Deportationen könnte ohne weiteres auch der Emigrationserlass Bischof Firmians vom 10. November 1731 dienen, vorbehaltlich allfälliger Erweiterung der zu deportierenden Personengruppen um Anhänger seither neu hinzugekommener nichtkatholischer Religionsgemeinschaften und Bekenntnisse.

10. Wiedereinführung des Fürst-Erzbistums als alleinige Regierungsform

Als endgültige Vollendung und krönender Abschluss der Rebarockisierung Salzburgs kann wohl nur die Wiedereinführung der absoluten Fürst-Erzbischöflichen Herrschaft gelten. Allein diese Herrschaftsform hat es zu Wege gebracht dieses unvergleichliche Schmuckstück europäischer Kultur in seiner ursprünglichen Ausformung zu schaffen, alle folgenden Regierungsformen der letzten 200 Jahre, allen voran jene der Demokratie, haben es nur mit Füßen getreten, verwässert, beschmutzt verschandelt und zerstört. Und diesem demokratischen Vernichtungsprozess unseres kulturellen Erbes können wir nicht länger tatenlos zusehen. Um die Ernsthaftigkeit des Anliegens zu unterstreichen, könnte man ab und an durchaus auch auf die Verbrennung von Hexen, Zauberern, Bettlern oder anderen unerwünschten Personen, wie sie im barocken Salzburg durchaus üblich war – man denke nur an die sogenannten »Zauberer Jackl«-Prozesse – zurückgreifen. Dies sollte aber nicht zur Regel werden, sondern eher Ausnahme bleiben.

11. Ausnahmslose Aussperrung von Touristen
Die abschließende Maßnahme ist sicher die umstrittenste in der Liste, sie ist aber ebenfalls unumgänglich, da es das soziologische Phänomen des Touristen, also des in seiner unausgefüllten, arbeitsfreien Zeit plan- und ziellos umherirrenden ungebildeten Angehörigen der Mittel- und Unterschicht im Barock selbstredend noch nicht gab. Darüber hinaus würden die sich in völligem Unverständnis und in unpassender Kleidung durch das historische Ambiente wälzenden Menschenmassen das durch die Punkte 1–11 mühsam rebarockisierte Bild der Altstadt wieder völlig zerstören.
Deshalb sind Touristen spätestens an den Stadttoren mangels eines entsprechenden Passierscheins ausnahmslos abzuweisen und bei geringstem Widerstand der gnadenlosen Härte der neuinstallierten Fürst-Erzbischöflichen Gerichtsbarkeit zuzuführen. Bei wiederholten Zuwiderhandlungen werden sie in den revitalisierten Faultürmen der Festung Hohensalzburg ihrem Schicksal überlassen und so konsequent und nachhaltig aus dem Stadtbild entfernt.

Liebe Freunde des unverfälschten barocken Salzburgs, ich hoffe, dieser kurze Überblick über unsere Anliegen konnte einen kleinen Anstoß geben, das ab nächster Woche aufliegende Volksbegehren zu unterzeichnen und mit ihrer Unterschrift einen wichtigen Beitrag zur Rettung unseres gemeinsamen kulturellen Erbes und zum Wiedererblühen der Salzburger Altstadt im ursprünglichen, barocken Sinn zu leisten.

Dipl.-Ing. Wolfdietrich Erlenfischer, Sprecher der Initiative

Nachsatz: Das Volksbegehren wurde nach Streichung von Punkt 11 mit überwältigender Mehrheit angenommen.

Wir sind Wurst

Gedanken zur plötzlichen und flächendeckenden Verwurstung der Alpenrepublik.

Mögen die ewigen Miesmacher und Realisten ruhig behaupten, der Sieg unserer waxen Conchita beim Song Contest würde im Endeffekt für Freiheit und Toleranz etwa gleich viel bringen wie einst jener von Nicole mit »Ein bisschen Frieden« für das gewaltfreie Zusammenleben auf diesem Planeten und beide hätten nur gesellschaftliche Strömungen ihrer Zeit auf die Spitze des Kitsches getrieben – wir Österreicher lassen uns davon nicht beirren.

Vom Bundespräsidenten abwärts sind alle Staatsbürger im Wurstfieber und die Auswirkungen auf das Alltagsleben sind enorm. Es gibt ernsthafte Überlegungen die Bundeshymne auf »Land bist du großer Söhne und Töchter – und der Wurst« umzuschreiben und dem Bundesadler statt Hammer und Sichel ein Paar Frankfurter in die Fänge zu drücken. Österreich hat auch ein neues Schönheitsideal: Nach Sissi, Marika Rökk und Hansi Hinterseer ist nun Conchita quasi »Austria's Next Wurstmodel« und pubertierende Mädchen greifen heimlich nach den Haarwuchsmitteln ihrer schütteren Väter, um einen gepflegten Wurstbart zwischen den Pickeln sprießen zu lassen, während ihre männlichen Klassenkameraden die Kunstwimpernvorräte ihrer Muttis plündern und kübelweise Mascara im Nachtkästchen bunkern.

»Du bist mir völlig wurst« ist mittlerweile die angesagteste Liebeserklärung und in der Unterhaltungsbranche reiten vom Schlagerbarden Semino Salami über die kreuzfidelen Käsekrainer bis zum Skandalrapper The Worst alle munter auf der in den Mainstream schwappenden Wurstwelle mit. Selbst Boulevard und Politik triefen nun fast vor purer Toleranz und spätestens seit erste FPÖ-Plakate mit dem Spruch »Wurst Conchita statt Privilegien Rita!« gesichtet wurden ist klar: Wir sind Wurst!

Digitale Staudenhocker

Soziale Netzwerke sind auch ideale Biotope für feige Heckenschützen und Rattenfänger.

Feiglinge hat es schon immer gegeben. Menschen, die gut versteckt im Hinterhalt hocken und von dort aus ihre Giftpfeile, Verleumdungen und Gerüchte abschießen, ohne ihr Gesicht zu zeigen. In der simplen alten analogen Welt wurden sie früher oder später enttarnt und bei uns am Land dann mit dem Dialektbegriff »Staudnhucka« bedacht, was einer sozialen Disqualifikation gleichkam.

Heute in der unendlich verwinkelten vernetzten Welt ist eine Enttarnung kaum noch möglich und deshalb feiert das digitale Heckenschützentum fröhliche Urständ. Erbärmliche Wichte und Wichtinnen, die sich im direkten Augenkontakt nicht muh und mäh zu sagen trauen, laufen dann unter Pseudonymen wie »Wotan88« oder »EvaB« zu verbalradikaler Höchstform auf. Und wenn sich die anonymen Duckmäuser großflächig zusammenrotten und ihre geistigen Exkremente zu einem Thema geballt durch die sozialen Netzwerke jagen, nennt man das auf Neudeutsch sinnigerweise Shitstorm. Wie erbärmlich muss ein Leben sein, in dem man Jahr und Tag bar jedes Selbstbewusstseins durch die Gegend schleicht und als einziges Ventil elektronische Hasstiraden absondert?

Wirklich bedenklich wird es allerdings dann, wenn diese labilen, enttäuschten Menschen, von denen es offensichtlich unendlich viele gibt, in einschlägigen Foren mit abstrusen Informationen und Theorien gefüttert werden, die ihnen Sündenböcke für ihr tristes Dasein präsentieren, auf die sie dann ihren Hass fokussieren. Das sind die idealen Opfer für politische Rattenfänger aller denkbaren Extreme – von rechtsradikalem Gedankengut bis zum Islamismus.

Die einzige wirksame Gegenstrategie ist wohl, selbstbewusste junge Menschen zu erziehen, die ihre Meinung offen sagen und es nicht nötig haben, in diesen anonymen Sumpf abzutauchen.

Geistige Umwegrentabilität

Der Wert nachhaltiger Kulturarbeit am Land ist nicht quantifizierbar, aber unschätzbar hoch.

Am Anfang, in den späten 70ern und frühen 80ern war die Lungauer Kulturvereinigung Nahrungsquelle für meinen Hunger nach zeitgenössischer Kultur, der von Freunden und engagierten Lehrern geweckt worden war. Unter vielen Veranstaltungen waren eine Lesung von H.C. Artmann und das Konzert einer Jazzrockgruppe ganz sicher zwei Abende, die meine Art mit Musik und Texten umzugehen, nachhaltig beeinflussten. Seit den 90ern war und ist die LKV für mich und die Querschläger nicht nur professioneller Organisator, sondern auch freundschaftlicher, künstlerischer Partner bei gemeinsamen Theaterprojekten, die uns früh ermöglichten zu zeigen, dass wir nicht einfach auf der damals aufschwappenden Hiatamadl-Welle mitschwimmen wollten, sondern auch inhaltlich einiges zu bieten hatten – danke für das alles.

Im Buch »Vom Lungau«, herausgegeben zum 40-jährigen Gründungsjubiläum, wird deutlich, in welch gewaltiger Bandbreite die Lungaukultur arbeitet und wirkt. Ihre Tätigkeit beschränkt sich beileibe nicht auf das reine Veranstalten. In jahrzehntelanger nachhaltiger Kulturarbeit wurden und werden auch soziokulturelle Projekte entwickelt und umgesetzt und in unzähligen Eigenproduktionen Welt, Menschen und Heimatregion mit zeitgenössischen Mitteln gespiegelt. Darüber hinaus wird durch ernsthafte kreative Arbeit mit Kindern und Jugendlichen der Boden für die Zukunft bereitet.

Großveranstalter wie die Festspiele werden immer mit dem Argument der monetären Umwegrentabilität von Kürzungen im Kulturbereich ausgenommen, die geistige Umwegrentabilität von Initiativen wie der LKV ist (leider) nicht quantifizierbar, aber von unschätzbarem Wert für ganze Regionen, deren Identität und Entwicklung.

Hoch Regiment der Bullen

Der Rainermarsch zwischen Historie, Pseudopatriotismus und Realität.

Nach der Rückkehr aus dem Urlaub hab ich ein wenig im Sommerloch gestöbert und bin dort neben dem Pinzgauer Nationalschaf »Dorli« auch auf die Diskussion um den Rainermarsch gestoßen. In dessen Urtext stehen Sätze wie »Wir siegen oder sterben für unser Heimatland, die Feinde wir verderben, hoch Salzburg unser Land.« Diese martialischen Phrasen sind aus dem historischen Zusammenhang heraus zu verstehen, der Text wurde 1915 in Zeiten allgegenwärtiger Kriegspropaganda verfasst. Heute, hundert Jahre später und nach fast siebzig Jahren Frieden in diesem Land, ist wohl eine neue Sichtweise angebracht.

Wenn heute mehr oder weniger illuminierte Wohlstandsbürger, deren größte Feinde die Maulwürfe unter dem totgedüngten Rasenteppich vor der Thujenhecke oder das Vogelgaxi am polierten Lack des neuen Mittelklassewagens sind, diese Worte inbrünstig am Bierzelttisch grölen, dann ist das eigentlich nur mehr grotesk. Ich habe auch schon erlebt, wie junge Leute in der Disco diese Zeilen skandiert haben (ja, das gibt es wirklich!), die rechte Hand pathetisch ans Herz gedrückt, die Linke um eine Dose Energydrink. Und genau da schließt sich nun der Kreis in die Gegenwart.

Die Kaserne, der das Regiment seinen Namen gab, ist mittlerweile im Besitz eines Getränkekonzerns, der auch Eigentümer des größten heimischen Fußballvereins ist. Deshalb, liebe Schönwetterpatrioten, vergreift euch nicht an alter Kriegspropaganda, sondern singt lieber etwas zur Gegenwart in diesem Land passendes wie »Hoch Regiment der Bullen, was haben wir dich gern, siegst auch für unser Salzburg, nicht nur für den Konzern.«

Im Ernst: Für die Heimat »kämpfen« heißt heute wach bleiben, mitdenken, aufstehen, wo es nötig ist!

I hab a Hymne fia di!

Nach dem volkstümlichen Shitstorm wird die Bundeshymne nun völlig umgeschrieben.

Neulich hat sich unser allerliebster Rehlein-Beglücker geweigert, beim Großen Preis der Bleifußakrobaten das Herzstück aller Gleichberechtigung, den poetischen Blinddarm unserer Hymne, mit zu intonieren. Das war natürlich eine Steilvorlage für pseudofeministische Heulbojen, die vor Empörung schier platzten. Auch die wackere Ministerin für Unterricht und Harakiri hat unseren Furchen-Elvis öffentlich geschulmeistert und sich damit wieder einmal trefflich in ihrer Paradedisziplin, der g'schaftig eingesprungenen Todespirouette in den Fettnapf, geübt. Denn diese Belehrung war für die meist bildungstraumatisierten Anhänger der saftig-knackig-steirischen Antwort auf Hansi Hinterseer Anlass genug, um zu beweisen, dass das

Wort Fan von fanatisch kommt und dass auch LiebhaberInnen streichelweicher Kommerzhadern fähig sind, anonym puren Hass in die Tastatur zu trommeln. Da unser Stadl-Stadienrocker dann noch zum Jubel der FPÖ eine Volksbefragung forderte und die vereinigte freiheitlich-volkstümliche Szene in diesem Land im Ernstfall locker eine Verfassungsmehrheit einfahren würde, gibt es nun Regierungspläne, die Hymne komplett umzutexten, um die Wogen zu glätten – hier ein erster Entwurf:

Land der Lederhosenböcke, little Rehleins, Trachtenröcke, Land der prallen Dekolletés und der Stadlwelt-Klischees. Land der schmalzgetränkten Tolle mit Bezug zur Heimatscholle, optisch scharf, doch sonst recht bieder, Land der flotten Schunkellieder. Land der kleinkarierten Tücher, Land der Schlager, nicht der Bücher, Land der Fans im Posting-Groll, Land des Furchen-Rock & Roll. Heimat bist du fescher Söhne und geringer Frauenlöhne, bürstest glatt und zeichnest weich: Volkstümliches Österreich!

Eine Vision für hinter'm Tauern

Randregionen wie der Lungau müssen versuchen, ihr Schicksal selbst in die Hand zu nehmen.

Letzte Woche das Krankenhaus, diese Woche die Kaserne: Wir hinter'm Tauern sind – so wie andere Randregionen auch – die Ausdünnung der Infrastruktur schon fast gewohnt. Viele öffentliche Institutionen wurden in den letzten Jahren geschlossen oder verkleinert und das wird auch in Zukunft so weitergehen, auch wenn die eine oder andere Schließung ein wenig verzögert werden sollte. Mit knapp zwanzigtausend Einwohnern ist man halt keine politische Größe – nicht einmal in Salzburg – und sitzt zwangsläufig am kürzeren Ast. Die Folgen sind schwerwiegend: Viele Junge, vor allem die gut Ausgebildeten, müssen den Lungau verlassen, was eine strukturelle Zeitbombe ist.

Wir können über diese Situation jammern so viel wir wollen und auf die Politik hoffen, die uns immer in höchsten Tönen lobt, wenn die Sonne scheint und der Samson tanzt, nur wird es uns auf lange Sicht nichts nützen. Wir können aber auch zumindest versuchen, unser Schicksal selbst in die Hand zu nehmen und eine Zukunftsvision für unsere Region entwickeln. Die könnte mehrere Ansatzpunkte haben. Ein naturnaher Tourismus könnte gezielt jene Gäste abschöpfen, die dem Rummel in den Hochburgen ausweichen wollen. Und jene erfolgreichen heimischen Unternehmen, die schon heute vorzeigen, dass man mit guten Ideen und Strategien auch im und vom Lungau aus erfolgreich und nachhaltig wirtschaften und Arbeitsplätze schaffen kann, könnten Vorbilder für andere sein. Als Alleinstellungsmerkmal und werbewirksame Dachmarke könnte die Biosphäre dienen, aus der wir bisher viel zu wenig gemacht haben.

Natürlich ist das nur eine Vision, aber was ist die Alternative – ignorieren oder jammern und warten, bis der Letzte das Licht ausknipst?

Salzburger Wohnträume

Wo und wie wir am liebsten wohnen wollen würden.

Die einen wollen in der Stadt wohnen, wollen das städtische Ambiente und das Kulturangebot einer Festspielstadt genießen, die Einkaufsmöglichkeiten nutzen, Ämter, hochklassige medizinische Versorgung und Arbeitsplätze in der Nähe haben. Ganz im Zentrum soll das natürlich nicht sein, aber zentrumsnah, wenn möglich in einer lauschigen Wohnsiedlung mit Einfamilienhäusern und kleinen, in Gärten gebetteten Wohnanlagen mit genügend Parkplätzen und geringer Verkehrsbelastung. Sogenannte Wohnsilos wollen sie keine in der Nähe haben, die passen dort nicht hin, wegen des Weltkulturerbes, der Architektur oder überhaupt, so etwas sollte doch am Stadtrand gebaut werden oder in den Umlandgemeinden.

Die Umlandgemeinden wollen alle Vorteile der Stadtnähe nutzen, die Steuereinnahmen, die Wertschöpfung und das reichliche Angebot an Arbeitsplätzen, nur wohnen sollen die Leute bitte schon woanders, man möchte sich die gewachsenen dörflichen Strukturen erhalten und eher unter sich bleiben.

Andere wollen lieber gleich ganz am Land wohnen, am Rand oder außerhalb des Speckgürtels, wo es jenseits der Gewerbegebiete ja noch recht ländlich-idyllisch ist, aber die Arbeitsplätze und die städtischen Angebote trotzdem noch nahe sind. Am liebsten lebt man dort natürlich am Waldrand, allein oder in einer kleinen Siedlung, umgeben von Wiesen und Feldern und weit weg vom ganzen Trubel – man hat ja seinen kleinen Fuhrpark in der Garage, mit dem man dann frei, unabhängig und ganz hurtig ohne Stau in die Stadt zur Arbeit, zum Shoppen oder in die Ambulanzen fahren will.

Und manche träumen von heißen Eislutschern, die zugleich wärmen und kühlen, bio, billig, exklusiv und überall erhältlich sind – und wehe, wenn...

Heiliger Kanonikus, hilf!

Alle Jahre wieder hebt im November ein großes Wehklagen an.

Kaum hat Allerheiligen dem Bauernherbst den Garaus gemacht und die Novembernebel legen einen willkommenen Weichzeichner über die vor lauter Echtheit vibrierende Trachtenheimat, beginnt das vorwinterliche Ritual. Damit meine ich nicht das Vollräumen der Geschäfte mit Weihnachtskitsch, der ist ja zu dieser Zeit schon ein alter Hirtenhut, auch nicht den Frühstart der Hells-Bells-Krampusse, neben deren Gruselshows manche Death Metal-Band wirkt wie eine verschüchterte Jungscharrunde, auch nicht den beinharten Werbe-Showdown der diversen Adventsingen oder die tapferen, vermarktungsresistenten Kasmandln, sondern ich meine die gebetsmühlenartig über die Berge tönenden, herzzerreißenden Klagegesänge der Wintertouristiker.

Schon November und kein Schnee in Sicht! Oh heiliger Kanonikus steh' uns bei, dass nicht auch noch der wintertouristische Gottseibeiuns, der Föhn, ausbricht, die zu den Ski-Openings herangekarrten Superstars samt Publikum im Gatsch der Liftparkplätze versinken und somit auch sämtliche Chancen auf eine erfolgreiche Saison schon vor Beginn unwiederbringlich dahinschmelzen.

Im nächsten Mai wird dann so wie jedes Jahr wieder ein neues Rekordergebnis verkündigt werden, was die Frage nach dem Sinn des vorwinterlichen Jammerrituals aufwirft. Na ja, erstens ist es schon gelebtes Brauchtum, zweitens kann man damit jeglichen Irrsinn rechtfertigen und drittens ist es eine jährliche Gratiswerbung, denn ganz ehrlich: Welcher Hahn würde sonst schon im beschaulichen November nach der dräuenden Winter-Ballermania krähen? Und es ist auch beruhigend, denn wie heißt es in einer runderneuerten Bauernregel? Jammern's im November nimmer, ist die Lage wirklich schlimmer!

Killt den Weihnachtsmann!

Der Kitsch aus Amerika, der Volks-Rock n' Roll und der steirische Brauch.

Wenn man auf Tour ist, kann man sich seine Frühstückszeitung im Hotel oft nicht aussuchen und stößt dann auf so interessante Fundstücke wie die Schlagzeile »Gabalier will das Christkind retten!« Ich hatte vorher gar nicht gewusst, dass es bedroht wird und vor allem von wem, deshalb las ich weiter. Mit »Immer mehr Promis fordern: Killt den Weihnachtsmann!« wurde im Untertitel der Übeltäter geoutet und gleich zum Abschuss freigegeben. Ich war geschockt! Will sich der alte Sack tatsächlich an unserem Christkinderl vergreifen oder hat er das womöglich schon getan? Und da ich die Aufforderungen von herzensguten Prominenten gerade zu Weihnachten immer sehr ernst nehme, habe ich auch gleich über adventgerechte Tötungsarten nachgedacht. Man könnte den bärtigen Unhold zuerst mit einer 20.000 Watt-Weihnachtsbeleuchtung blenden und dann in Billigpunsch ersäufen, mit harten Kekserln vom Vorjahr steinigen oder mit rührseligen Weihnachtsgeschichten von Schlagersängern qualvoll zu Tode langweilen, dachte ich mir.

Dann erst wurde mir klar, wie die alte Kernöltolle das eigentlich gemeint hatte. »Kein Kitsch aus Amerika bei uns – Volks-Rock n' Roller mag es besinnlich«, hieß es im ergänzenden Interview. Ein wenig verwirrt legte ich die Zeitung weg und dachte mir, dass das ganz schön mutig von ihm ist. Denn was wird er wohl in Zukunft singen, wenn er den Kitsch aus Amerika plötzlich nicht mehr mag? Volks-Bach-Kantaten, Volks-Operettenarien oder gar Volks-Volkslieder? Oder weiß er etwa gar nicht, dass der Rock n' Roll kein steirischer Brauch ist, bei dem man in einem Trachtenjanker über Almwiesen kugelt, sondern ein (im schlimmsten Fall arg krachledern verkitschter) Musikstil aus Amerika?

Die unwürdige Herbergssuche

Menschlichkeit kann nicht von oben bestimmt werden – aber sie kann von unten wachsen.

Es ist eine unendliche, für unseren Wohlstand völlig unwürdige Geschichte, die sich seit Jahren nach immer dem gleichen Muster abspielt – wenige positive Ausnahmen bestätigen die Regel. Zuerst gibt es Gerüchte, dass im Ort Flüchtlinge einquartiert werden sollen und der Stille Post-Effekt lässt Klischees wuchern

und die Volksseele hochkochen. Es finden sich auch fast überall Lokalpolitiker, die noch ein paar Scheite nachlegen und aus den Ängsten der Bevölkerung einen politischen Gewinn ziehen wollen. Am Ende folgt dann immer die offizielle Bestätigung und eine Versammlung in einer überfüllten Gemeindeturnhalle, in der die Emotionen schon dermaßen am Siedepunkt sind, dass eine sachliche und differenzierte Diskussion völlig unmöglich ist. Soweit so schlecht.

Fakt ist: Fast alle westlichen Bundesländer erfüllen die zugesagte Asylquote nicht, wir schieben die Hilfesuchenden praktisch nach Traiskirchen ab – so viel auch zur innerösterreichischen Solidarität. Die Gemeinden sagen, sie würden immer von oben überrumpelt und hätten kein Mitspracherecht.

Sollte man das Problem also nicht gleich von unten angehen? Würden sich alle Gemeinden bereit erklären, kleinere Gruppen von Asylsuchenden aufzunehmen und ihre Unterbringung selbst zu organisieren, hätten sie viel mehr Einfluss auf das Geschehen. Man könnte die kleinen Gruppen behutsam integrieren, sie mit gemeinnützigen Tätigkeiten einbinden und wenn man nicht von vornherein den Teufel an die Wand malt, finden sich überall Einheimische, die Hilfe anbieten und diese Menschen begleiten und ihnen Türen in die Gemeinschaft öffnen. Damit wäre allen geholfen und Weihnachten hätte mancherorts nicht so einen bitteren Beigeschmack.

Allergischer Kollateralnutzen

Die neue EU-Verordnung im Streiflicht eines Energiesparlämpchens.

In vorweihnachtlicher Stimmung und mit einer satten Portion Blauäugigkeit ausgestattet, könnte man durchaus meinen, mit den »Allergenkennzeichnungsvorschriften im Rahmen der EU-Verbraucherinformationsverordnung« wollte man in Brüssel einfach einmal ohne jeden Hintergedanken etwas Gutes tun und den geplagten Allergikern das Leben erleichtern. Als notorischer Querdenker und von allerlei Energiesparlämpchen erleuchteter Europäer könnte man aber auch andere Schlüsse ziehen. Man könnte zum Beispiel das ungute Gefühl bekommen, dass die nicht gerade von mächtigen Lobbys unterstützten Allergiker gar nicht der eigentliche Grund für diese Vorschriften waren, sondern nur als Hebel und Mäntelchen gebraucht wurden und nun sozusagen einen Kollateralnutzen daraus ziehen – was ihnen von Herzen vergönnt sei. Aber wer sind dann die Hauptnutznießer?

Offensichtlich ist, dass es nun für alle Gastronomen ungleich aufwändiger ist, Speisen mit frischen Lebensmitteln selbst zuzubereiten, weil man die Inhaltsstoffe für jedes Gericht extra erheben und ausweisen muss. Verwendet man allerdings Fertigprodukte, sogenanntes »Convenience Food«, erspart man sich den Aufwand und so könnten auf lange Sicht immer mehr Betriebe unter Zeitdruck umschwenken und fertige Industrie-Leckerlis kredenzen. Hergestellt werden die meist von Firmen im Umfeld der großen Lebensmittelkonzerne, deren Lobbyisten bei der EU ungleich mehr Einfluss haben als die Allergiker. Na, klingelt's jetzt?

Es könnte also passieren, dass wir in Zukunft statt frisch zubereiteter Speisen immer mehr vorgefertigte Produkte vorgesetzt bekommen, deren 300 erlaubte Zusatzstoffe aber dann »natürlich« nicht auf der Speisekarte aufscheinen müssen.

Dem Terror nicht in die Karten spielen

Wenn wir aus Angst unsere Grundwerte in Frage stellen, haben die Mörder ihr Ziel erreicht.

Mit den grausamen Anschlägen von Paris zwingen die islamistischen Terroristen nicht nur Frankreich, sondern ganz Europa zu einer Reaktion – und die Gefahr ist groß, dass viele geschockte Europäer nun in die Falle der Mörder und ihrer Hintermänner tappen. Deren Ziel ist es, die Werte, die den Kern unserer Kultur bilden – Freiheit (auch in Bezug auf Meinungsäußerung), Selbstbestimmung und Toleranz – zu untergraben und zu zerstören. Und wenn wir nun angesichts der brutalen Gewalt diese Werte in Frage stellen, um scheinbar unsere Sicherheit zu gewährleisten, arbeiten wir ihnen in die blutigen Hände. Wir müssen klar aufzeigen, dass diese Werte für uns unantastbar und nicht bezwingbar sind.

Und jene von uns, die nun eine ganze Religion pauschal aburteilen oder als Retter des Abendlandes gemeinsam mit rechtsradikalen Gruppen unreflektiert gegen eine diffuse Islamisierung Europas demonstrieren, müssen sich klar darüber sein, dass sie damit den Scharfmachern (auf beiden Seiten) in die Karten spielen. Der Islamismus ist keine Religion, er ist eine fanatische Bewegung, die Religion als Werkzeug und Waffe missbraucht. Wenn es ihm gelingt, einen Keil des Misstrauens zwischen Muslime und Nicht-Muslime zu treiben und beide Seiten zu radikalisieren, hat er sein Ziel erreicht. Der Graben darf keinesfalls zwischen den Religionen entstehen, sondern er muss klar und unüberwindbar zwischen jenen gezogen werden, die Gewalt und Repression als politisches Mittel kategorisch ablehnen, egal welchen Glaubens sie sind oder auch nicht, und jenen, die dies nicht tun.

Und es bleibt zu hoffen, dass die millionenfachen Bekundungen für Freiheit und Gewaltlosigkeit nicht nur ein Strohfeuer sind.

Raum(un)ordnung

Ein Instrument mit großer Macht und Gestaltungskraft – und noch mehr Verantwortung.

Liebe Bürgermeisterinnen und Bürgermeister!

Jeder, der mit offenen Augen durch unser Land fährt, kann sehen, dass die Raumordnung nicht zu unseren herausragenden Stärken zählt. Noch klarer wird das, wenn man von Bayern kommend auf dem Salzburger Flughafen landet. Man sieht schon von weitem, wo die Staatsgrenze sein muss, nämlich genau da, wo die Raumunordnung mit teurer Zersiedelung und hemmungsloser Flächenvergeudung beginnt.

Ich unterstelle jedem einzelnen von euch, dass ihr nur das Beste für eure jeweiligen Gemeinden wollt, vor allem in wirtschaftlicher Hinsicht, aber gerade dadurch seid ihr auch erpressbar und gegeneinander ausspielbar. Da drückt man schon einmal alle Hühneraugen zu, wenn zum Beispiel eine große Kette reichlich Kommunalsteuern und dringend benötigte Arbeitsplätze verspricht, und lässt sich einen fußballfeldgroßen, einstöckigen Billigbetonkuhfladen samt riesigem Parkplatz in die grüne Wiese klatschen. Das ist im Einzelfall vielleicht gerade noch verschmerzbar, in Summe werden so aber ganze Tal- und Beckenlandschaften verhunzt, wie man landesweit sehen kann. Und die Verschandelung und Vergeudung bleibt bestehen, wenn die Steuern längst versiegt und die Arbeitsplätze abgebaut sind.

Raumordnung und Flächenwidmung sind die wichtigsten Werkzeuge für die Gestaltung einer Gemeinde, sie sind aber natürlich auch Machtmittel, auf die man nicht leicht verzichten will, das ist klar. Um diese Instrumente weiterhin in euren Händen zu rechtfertigen, müsst ihr aber viel weiter über Amtszeiten und Gemeindegrenzen hinausdenken als bisher. Und einmal ganz ehrlich: Eure bayrischen Kollegen sind ohne diese Befugnisse ja auch keine politischen Dünnbrettbohrer, oder?

Eine Lanze für die Griechen

Ein Lehrbeispiel, wie man Menschen an die politischen Ränder treibt.

Selten hat ein Volk einen derart radikalen Imagewechsel hingelegt wie die Hellenen. Vor zehn Jahren waren sie noch die tiefenentspannten Gastgeber eines Urlaubsparadieses und jetzt sind sie plötzlich faule und betrügerische Euroschmarotzer –

und zwar pauschal. Das ist so, als würde man alle Salzburger gleichermaßen für den Finanzskandal verantwortlich machen.

»Die Griechen«, also die Masse der einfachen Leute, haben aber nie in dem Maße abkassiert, wie es jetzt scheint. Sie haben im Schnitt länger gearbeitet, weniger verdient und geringere Sozialleistungen erhalten, als wir Mitteleuropäer. Gleichzeitig haben aber bestimmte Kreise und Clans aus Politik und Wirtschaft das Land mittels Korruption, Abhängigkeiten und über einen aufgeblähten Beamtenapparat kontrolliert. Sie haben in die eigene Tasche gewirtschaftet, falsche Daten nach Brüssel übermittelt und das Land so bis an den Rand des Bankrotts manövriert. Die Rechnung dafür zahlen allerdings nicht sie – ihre Beute liegt schon lange auf sicheren Konten im Ausland – sondern die Masse, vor allem die sozial Schwachen. Nur ein Beispiel: Es gibt in Griechenland, also mitten in Europa, mittlerweile zigtausende von Menschen ohne Gesundheitsversorgung. Dass sich diese nun gegen den Sparkurs wenden und jemanden wählen, der Änderungen verspricht, egal ob von weit links (oder schon bald von noch weiter rechts?), liegt auf der Hand.

Für das Stammbuch der sakrosankten Wirtschaftsexperten: Demokratie funktioniert nur in einem halbwegs ausgeglichenen Sozialgefüge. Je größer der Unterschied zwischen arm und reich und das Ohnmachtsgefühl, desto höher die Bereitschaft zur politischen Radikalität in jede Richtung – nicht nur in Griechenland.

Für eine Hand voll Germknödel

Der Einzug des Wilden Westens in die Schigebiete: Ärgernis oder Marketingchance?

Wie es dereinst zwischen Wyoming und Arizona zuging, wissen wir aus zahlreichen Filmen. Die Prärie war weit, der Sheriff auch, das Feuerwasser floss in Strömen und es herrschte das Recht des Stärkeren. In unserer zivilisierten Welt ist so etwas nicht mehr vorstellbar – oder doch? Eine Reihe von Vorfällen in den heimischen Schigebieten legt fast nahe, der Wilde Westen sei wiederauferstanden, nur dass statt Pulverdampf nun Pulverschnee über der Szenerie liegt und der Saloon neuerdings Schirmbar heißt. Da wird geschubst und geprügelt, gerast, geschnitten und niedergemäht, dass man meinen möchte, das Faustrecht feierte fröhliche Urständ. Tja, wenn man für teures Geld Freiheit, Abenteuer und unendlichen Spaß eingekauft hat, schmeißt man schon einmal kurz die Nerven weg, wenn einem ein Gringo in der Sonne steht.

Weicheier mögen sich jetzt wieder einmal entrüsten, ich sage aber, wir sollten das als riesige Vermarktungschance für unser wirtschaftliches Standbein Wintertourismus sehen und an einem alpinen Revival des Westerngenres in Hollywood arbeiten. Man denke nur an den unbezahlbaren, weltweiten Werbeeffekt, wenn es demnächst hieße: And the Oscar goes to Austria for »Der Schischuh des Manitu«, starring Marcel Hirscher as Alpinhachi, Anna Fenninger as Goldie Silverado and Peter Schröcksnadel as Häuptling Listiger Lurch.

Die Hitliste der Alpinwestern könnte dann aussehen wie folgt: »Für eine Hand voll Germknödel«, »40 Gondeln westwärts«, »Duell am Watschenkogel«, »Der Schatz im Speichersee«, »Vier Fäuste für ein Sonnenplatzerl«, »Verflucht, verdammt und Wodka Feige«, Lift ohne Wiederkehr« und »Gott vergibt, ein Carver nie« – im Originaltitel: »Ride Across the Boarder«.

Im Streulicht des Song Contests

Das Spotlight auf The Makemakes streift die gesamte junge Salzburger Musikszene.

Eigentlich bin ich ja der Meinung, dass die Millionen, die für den Song Contests verblasen werden, an anderen Stellen der österreichischen (Populär-) Kultur viel besser investiert gewesen wären. Aber da unsere Conchita den Phönix nun einmal wachgeträllert hat, muss der ORF wohl oder übel die Asche bereitstellen.

Zufällige Nutznießer des Glitzerevents sind aber erfreulicherweise auch junge Salzburger Musiker. Denn, egal ob die heimischen Shootingstars nun den Song Contest gewinnen, gar eine erfolgreiche internationale Karriere starten oder auch nur die Millionen von Klicks im Netz auf Dauer in ein paar Tausend Konzertbesucher in mittleren Hallen umwandeln können – was übrigens gar nicht so leicht ist, wie es scheint: Die Salzburger Musikszene wird nun anders wahrgenommen. Die plötzliche Popularität und mediale Präsenz der Makemakes beleuchtet am Rande auch das Umfeld, aus dem sie kommen. Ein Beitrag über Salzburger Pop- und Rockmusik im ORF-Kulturmontag wäre vor zwei Monaten noch so wahrscheinlich gewesen, wie eine Sonnenfinsternis um Mitternacht.

Plötzlich ist die Salzburger Szene hip – und das durchaus zu Recht. Denn was sich da nach langer Aufbauarbeit in den letzten Jahren rund um Rockhouse, Jazzit und anderen Kreativschmieden – oder in Eigenregie – entwickelt hat, braucht den Vergleich mit hochgepriesenen Bands von außerhalb keineswegs zu scheuen. Ich wünsche den Musikern, dass sie dieses (wohl leider nur kurzfristige) Medieninteresse in nachhaltiges Publikumsinteresse umsetzen können. Dass es ausgerechnet den Songcontest braucht, um den in der österreichischen Musikszene üblichen Provinzmalus für ein Weilchen aufzuheben, ist eine andere Geschichte.

Die Kampfdrohnen der modernen Erziehung

Von der gefährlichen SoFi, unzumutbaren Schnitzmessern und elterlichen Helikoptern.

Nein, es war nicht die Angst vor einem Schneesturm oder eine Flutwarnung, die deutsche Rektoren dazu veranlasste, es den Eltern freizustellen, ob sie ihre Kinder in die Schule schicken möchten – es war SoFi, das netzhautfressende Monster, getarnt

als partielle Sonnenfinsternis. Die anwesenden Schüler mussten in der Klasse bleiben und das »Naturschauspiel« im Fernsehen ansehen. Die spinnen doch, die Deutschen! Und wir?

Ein Freund, der als Waldpädagoge und Instrumentenbauer hin und wieder Workshops in Schulen abhält, erzählte mir kürzlich, dass ihm in einem Salzburger Gymnasium verboten wurde, beim Schnitzen mit Messern zu arbeiten. Die Lehrerin erklärte ihm resignierend, dass dieses Verbot von Eltern gefordert wurde und dass es postwendend gerichtliche Klagen gäbe, wenn sich eine Schülerin oder ein Schüler auch nur ganz leicht verletzte.

Man nennt solche Eltern, die ihre Kinder überfürsorglich behüten und überwachen und ihnen sämtliche Gefahren und Schwierigkeiten aus dem Weg räumen wollen, Helikopter-Eltern – in der offensiven Variante sind sie die bei Lehrern gefürchteten Kampfdrohnen der Pädagogik, die sicher alles gut meinen und dabei sehr vieles falsch machen.

Das Ziel einer zeitgemäßen Erziehung müssen doch selbstbewusste, selbstständige und kritikfähige junge Menschen sein. Dieses Ziel erreicht man aber nicht, indem man Kinder unter einen Glassturz stellt, sie von jeder Schwierigkeit, jeder Kritik und jedem Konflikt bewahrt und ihnen die Chance nimmt, aus Fehlern und Misserfolgen zu lernen und sich an gesetzten Grenzen abzuarbeiten.

Und selbstverliebte, unselbstständige und im Grunde unglückliche Egozentriker kann doch niemand erziehen wollen, oder?

Hypo-Thesen-Schmankerl

»Kärnten wird reich!« und andere Gustostückerl aus dem Berghütten-Archiv.

Ich hätte den stattlichen Packen alter Zeitungen im Abstellkammerl der Hütte wohl nicht weiter beachtet, wenn mir beim Einheizen nicht zufällig ein Artikel aus dem Jahr 2007 ins Auge gesprungen wäre – Überschrift: »Kärnten wird reich!« Der damalige Landeshauptmann Haider stellte darin den Verkauf der Hypo Alpe Adria an die Bayern LB als Meilenstein für sein Land dar, denn man würde »den Löwenanteil der Hypo-Millionen für die kommenden Generationen anlegen«. »Kritikern und Querulanten« warf er vor, dass »aus ihren Stimmen lediglich der blanke Neid« spräche. Mein Jagdtrieb war geweckt und angesichts des österlichen Schneetreibens und bar jedes anderen Lesestoffs arbeitete ich mich durch das rund ein Jahrzehnt umspannende Ofenanheiz-Archiv. Hier einige Gustofundstückerl – Kommentare dazu sind wohl überflüssig.

»Es gibt keine Investmentbank, die uns nicht schon gratuliert hat.« (Jörg Haider im selben Interview)

»Die Bank wird damit nachhaltig und stabil kapitalisiert sein.« (Tilo Berlin zur staatlichen 900-Millionen-Geldspritze, 2008)

»Eine Verstaatlichung ist sicher nicht das Ziel.« (Finanzminister Pröll kurz vor der »Nacht der langen Messer« im Dezember 2009, in der die Bank dann verstaatlicht wurde)

»Eine gute Basis für die Zukunft der Bank.« (Pröll kurz nach der Verstaatlichung)

»Wir sind nicht so neger, wie man glaubt! Experten sagen: Kärnten war zweimal Sieger, einmal beim Verkauf der Hypo und auch jetzt.« (LH Dörfler zur Verstaatlichung der HAA, 2009)

»Das Ganze war eine suspekte Geschichte … Ich war bloß ein Gast, dem man Geld abnehmen wollte.« (Ex-LH Dörfler zum selben Thema, 2015)

«Die Hypo-Alpe-Adria ist eine Erfolgsgeschichte." (Uwe Scheuch, 2010)

Die EU-Hudler

Der Disput um die südburgenländische Rabiatperle zeigt das Dilemma Europas.

In Zeiten wie diesen, in denen die europäische Wirtschaft stottert, Millionen von jungen Menschen arbeitslos sind, ein Mitgliedsland so gut wie bankrott ist und andere unter einer erbarmungs- und trotzdem wirkungslosen Austeritätspolitik ächzen, in Zeiten, in denen die Gefahr droht, dass mit einem konzernfreundlichen TTIP-Abkommen Lebensmittelsicherheit, Verbraucherschutz und demokratische Grundsätze ausgehebelt werden, möchte man meinen, die EU hätte andere Sorgen, als den südburgenländischen Uhudler zu verbieten.

Diese aus Trauben von Direktträgern gekelterte robuste und reblausresistente Rabiatperle mit einem Bukett zwischen Walderdbeeren, schwarzen Ribiseln und einem leichten Hauch von Katzenkinderlulu und, wenn man Pech hat, einem Säuregehalt, der auch bei der Verwendung als Salatdressing noch nach Verdünnung schreit, ist eine lokale Spezialität und den eurokratischen Gleichmachern scheinbar ein Dorn im Auge.

Die Aufregung im Burgenland darüber ist groß. ÖVP-Politiker protestieren lautstark »gegen das EU-Diktat«, die SPÖ fordert ein »Uhudler-Kompetenzzentrum« und alle Parteien kämpfen für den Erhalt des adstringierenden Tröpfchens und gegen die böse EU, die »dieses einheimische Kulturgut vernichten will«. Ein wenig komisch daran ist nur die Tatsache, dass der Uhudler bei uns schon verboten war, lange bevor wir überhaupt in die EU eintraten. Und warum jetzt plötzlich die Aufregung? Am 31. Mai ist Landtagswahl. Bingo!

Die Geschichte zeigt die Crux der EU auf. Die Zentralisten in Brüssel mischen sich permanent in Details ein, die sie nichts angehen und die lokalen Politiker benutzen oft die EU, um im Wahlkampf von eigenen Unzulänglichkeiten abzulenken. Schade um Europa.

Von Luft und Heimatliebe

Oberflächliche Schwärmerei wird nicht reichen, um unseren Lebensraum positiv zu gestalten.

Die meisten Salzburger lieben ihre Heimat inniglich, das hat kürzlich eine Umfrage ergeben. Als Hauptargumente werden die gesunde Natur und Umwelt und die hohe Lebensqualität angeführt. Das ist eine Liebeserklärung und sehr schön, sagt aber noch nicht allzu viel aus.

Denn einer Beziehung, in der auf Liebeserklärungen, mögen sie auch noch so heiß und blumig sein, nicht auch Taten folgen – man nennt sie wohl Liebesbeweise – wird eher früher als später die Luft ausgehen und dann bleibt nur mehr eine verschrumpelte, leere Hülle übrig. Aber was heißt das jetzt für uns Salzburger? Sind wir bereit, für unsere Umwelt, unsere Natur, unsere Lebensqualität, unsere Regionen und nachfolgende Generationen auch Liebesbeweise, also konkrete Taten folgen zu lassen, und wenn ja, wie könnten die aussehen?

Sind wir zum Beispiel bereit, über die Grenzen des Wachstums nachzudenken und weitere Auswüchse in Raumordnung, Flächenverbrauch, Individualverkehr und Turbotourismus abzulehnen und verträgliche und – auch wirtschaftlich! – nachhaltige Formen zu finden, oder verpufft unsere Liebe, wenn es um unsere Bequemlichkeit oder um schnelle Gewinne geht? Sind wir als Kunden bereit, wieder verstärkt lokale Produzenten, Händler und Handwerker zu unterstützen, um unsere Regionen zu stärken und Arbeitsplätze zu erhalten? Sind wir bereit – über die üblichen Lippenbekenntnisse und Rituale hinaus – unseren Lebensraum zukunftstauglich zu gestalten und unsere Ressourcen zu schonen, auch wenn wir dafür auf kurzfristige Vorteile verzichten müssen?

Wenn nicht, können wir uns unsere Heimatliebe sparen, denn dann ist sie nichts als oberflächliche Schwärmerei ohne Substanz und Zukunft.

Das Lazarus-Projekt

Für die Wiederbelebung unserer Ortszentren braucht es mehr als guten Willen.

Nun hat es doch noch jemand der Mühe wert gefunden und den Notarzt gerufen, um unsere dahinsiechenden Ortszentren wiederzubeleben. Ob das gelingen wird, bleibt abzuwarten, denn zu lange haben wir sie ausbluten lassen und ihnen lebenswichtige Organe und Gliedmaßen amputiert. Mancherorts wäre eine Revitalisierung des Ortskerns fast so überraschend wie die Auferstehung des Lazarus.

Um so einen Kraftakt zu bewältigen, müssen alle Ebenen – Gemeinden, Land, Wirtschaft und Bevölkerung – an einem Strang ziehen. Die Schlüsselrolle kommt dabei den Einwohnern zu, genauer der Frage, ob die ein lokales Angebot in Zeiten des motorisierten und digitalen Fernshoppings überhaupt noch nutzen würden – und wenn ja, in welchen Bereichen? Ohne ihre Bereitschaft nützen nämlich die besten Absichten und die umfangreichsten Fördermittel nichts. Die wenigen positiven Beispiele zeigen Folgendes: Am besten funktioniert es dort, wo der Ortskern (noch) ein funktionierendes Kommunikationszentrum ist, mit Möglichkeiten für Geselligkeit, für Kultur und Freizeit, mit Infrastruktur und im Idealfall mit Wohnungsangebot für junge Familien. Denn dann ist auch die nötige Frequenz gegeben, die für eine wirtschaftliche Belebung unerlässlich ist. Und um diese zu forcieren, könnte man durchaus auch neue Wege beschreiten.

Man könnte zum Beispiel den Betreibern von Einkaufszentren einen Schlüssel anbieten, der ihnen moderate Entwicklung (ohne neue Flächenerschließung) erlaubt, wenn sie dafür ihren Beitrag zur Wiederbelebung von Ortszentren in Randgebieten leisten, durch Betreiben von Nahversorgern oder in anderer Form. Wie auch immer: Wundersame Hilfe von oben, wie einst bei Lazarus, wird es diesmal definitiv nicht geben.

In diesem Land zu leben ist ein Geschenk

Gedanken darüber, warum das so ist und wozu es uns verpflichtet.

Vor 70 Jahren ist der 2. Weltkrieg in Salzburg zu Ende gegangen. Durch den Mut einiger Männer, die es wagten, sich wahnwitzigen Befehlen zu widersetzen und die Landeshauptstadt kampflos übergaben, ist dies ohne weiteres sinnloses Blutvergießen und ohne weitere Zerstörung geschehen. Dieser Jahrestag bedeutet aber auch, dass die überwiegende Mehrheit der Menschen in diesem Land ihr gesamtes Leben ausschließlich in Frieden (und in stetig steigendem Wohlstand und intakter Umwelt) leben konnte und kann, und das in einer Zeit, in der es mehr bewaffnete Konflikte, Elend und Zerstörung auf dieser Welt gibt, als je zuvor.

Ich finde, dieser Umstand, den die meisten von uns mittlerweile nicht mehr als kostbares Geschenk, sondern als Normalzustand betrachten, verpflichtet uns alle, die wir hier leben dürfen, uns für dieses Land einzusetzen, um auch seine Zukunft positiv zu gestalten. Wir müssen einerseits sicherstellen, dass es sich weiterentwickeln kann, wirtschaftlich und sozial, um auch in Zukunft bestehen zu können, dürfen aber anderseits nichts aufs Spiel setzen oder gar opfern, was substantiell und unwiederbringlich ist. Dafür wird viel Hirnschmalz, Herzblut, Phantasie und eine breite Zusammenarbeit notwendig sein.

Vor 70 Jahren ging auch eine noch nie dagewesene Schreckensherrschaft zu Ende, die bei uns tief verwurzelt war, was wir oft verdrängen wollen. Und dieser Umstand verpflichtet uns, nicht Augen und Mund zu verschließen, wenn wieder Versatzstücke der menschenverachtenden Nazi-Ideologie auftauchen, in Gesprächen, Diskussionen, egal wo, sondern unmissverständlich Stellung zu beziehen. Das sind wir diesem Land und unserem privilegierten Leben in ihm einfach schuldig

Ein Schloss am Wörthersee

Die Kult-Fernsehserie der 90er wird nun fortgesetzt – hier exklusiv das Drehbuch.

Das alte Schlosshotel wird unter dem umtriebigen Direktor Haidbert Jörgele mit Petrodollars aus dem Nahen Osten zum glitzernden Treffpunkt des internationalen Jetsets aufgebaut. Nach dem überraschenden Tod Jörgeles wird es für kurze Zeit von seinem schusseligen Oberkellner Herrn Gerhard und den beiden türkischstämmigen Hausmeisterbrüdern Üve und Kürt übernommen und völlig heruntergewirtschaftet. Als dann auch noch bekannt wird, dass das Hotel von Jörgele mit Hypotheken, die den Wert um das Zwanzigfache übersteigen, belastet wurde, wird es von Finanzjongleur Raiko Pröllinger in einer Nacht-und-Nebelaktion um eine Kasnudel an die Immo Austria (Gesellschaft mit unbeschränkter Haftung) verscherbelt. Die alte Belegschaft taucht in blau-orangen U-Booten unter. Der neue Direktor Kaiserpeter muss nun beim beinharten Finanzier Hansjürgen Schilling Kredite erbitten, um das Schmuckstück nicht endgültig zusperren oder an die Chinesen verkaufen zu müssen. In einer schlaflosen Nacht erscheint ihm der Geist von Jörgele und erzählt ihm von einem sagenhaften Schatz im Bärental.

In einer Nebenhandlung erleidet der ehemalige Skibobvizeweltmeister und Alleinunterhalter Assi Arminger mit seinem Tretboot Schiffbruch vor Kap Wörth, rettet sich auf eine einsame Insel, verfällt aber dort langsam dem Wahnsinn, weil er beginnt, sich selbst Fragen zu stellen, die er nie beantworten kann.

Wie wird es weitergehen? Wird Arminger gerettet und geheilt werden oder wenigstens einen Fifty-Fifty-Joker bekommen? Wo sind die blau-orangen U-Boote? Wird Schilling doch noch Euros herausrücken oder muss Kaiserpeter am Ende gar Jörgeles Geist beschwören, um mit dessen Sagenschatz den Bankrott abzuwenden?

Taunächte statt Raunächte

Warum sich der Winter nicht mehr zu uns traut und was sich deshalb ändern muss.

Auch heuer leuchten die winterlichen Hänge wieder in saftigem Grün, spärlich durchzogen von den zarten, weißen Lebensadern, die unsere Schneekanonen in die Landschaft zaubern. Wo aber bleibt der Schnee, der einst aus dem Himmel fiel?

Der Klimawandel sei daran schuld tönt es nun allerorts, mir ist das aber zu einfach und zu wissenschaftsgläubig. Der wahre Grund liegt ganz woanders, nämlich im Höhenflug des heimischen Brauchtums. Es ist doch logisch, dass sich der Winter nicht mehr ins Land traut, wenn er hinter jedem Lifthäuschen von Perchtenrudeln »abgepasst« wird, die ihn nach dem Motto »Taunächte statt Raunächte« wieder vertreiben wollen! Und wie bitte soll die weiße Pracht bis ins Gebirge kommen, wenn sie schon im Alpenvorland von Tausenden Aperschnalzern verschreckt wird? Diese Bräuche stammen aus einer Zeit, in der wir noch mit und von der Natur lebten und lange, strenge Winter bedrohlich waren. Heute sind sie kontraproduktiv und gehören dringend den neuen Gegebenheiten angepasst.

Man könnte zum Beispiel unter dem Titel »Schneebetteln« in der letzten Vollmondnacht im November Perchten an die Liftstützen fesseln und ihre Schellen neben den Schnalzergoaßln unter den Pisten vergraben, um dem Winter zu zeigen, dass die Luft nun rein ist. »Jännerlochzuschütt'n«, »Russnlock'n« und der »Tanz um die goldene Gondel« wären weitere mögliche Fixpunkte im Brauchtumskalender.

Krönender Abschluss könnte dann das »Saisonwendfeuer« am Ostermontag sein, bei dem die Perchten wieder von den Stützen geschnallt werden und anschließend mit einem zünftigen Dirndlspringen (in Zell am See: Burkahupf'n) in den mit Fackeln geschmückten Beschneiungsteich um eine gute Sommersaison gebeten wird.

Die Zelte im Schatten unseres Heiligenscheins

Flüchtlinge als Spielball innenpolitischer Taktiererei – das ist verantwortungslos.

Gütige Conchita! In den letzten Wochen haben wir uns derart grandios als Weltzentrum der Toleranz und der Menschlichkeit in Szene gesetzt, dass man glatt meinen möchte, wir würden alle mit einem Heiligenschein durch die Alpenrepublik wandeln. Abseits der strahlenden Lichter und der schönen Scheinwelt des Songcontests schaut die Sache aber leider ein wenig anders aus.

Da werden Menschen, die vor Krieg oder vor bloßer Not zu uns geflohen sind, rücksichtslos zum Gegenstand innenpolitischer Wadlbeißereien gemacht. Die Frau Innenminister will den quotensäumigen Ländern eins auswischen und lässt medienwirksam Zelte aufstellen, die es bei besserer Koordination nie gebraucht hätte, und vermittelt damit das Bild eines nicht zu bewältigenden Flüchtlingsandrangs, den es nicht gibt. Der Herr Verteidigungsminister nutzt die Situation und bietet strategisch jene Kasernen als Unterkünfte an, die er weghaben will. Er nimmt damit unter anderem billigend in Kauf, dass die überraschende Meldung, wonach 550 Flüchtlinge in einer Gemeinde mit 5600 Einwohnern untergebracht werden sollen, bei der Bevölkerung Irritationen hervorruft und so den Hetzern und Scharfmachern eine willkommene Steilvorlage bietet. Wenn man sich die Einträge in den offenen Internetforen zu diesem Thema durchliest, dann kann man sich ausmalen, welche Hasstiraden in den geschlossenen Zirkeln abgeladen werden, pfui Teufel!

Ich will hier nichts weichzeichnen: Die Flüchtlingsproblematik ist eine der großen Herausforderungen unserer Zeit, auch für Österreich, da braucht es viel Zusammenarbeit und Fingerspitzengefühl. Und gerade deshalb ist die Taktiererei führender Politiker in diesem sensiblen Bereich höchst verantwortungslos.

Sollen wir die Welt retten?

Der Ton wird rauer im Wohlstandsland, die Stimmung beim Thema Asyl scheint zu kippen.

Ungeschickte Regierungspolitik, rücksichtslose Wahlpropaganda und eine Wirtschaftslage, die nicht gerade rosig ist, verunsichern immer mehr Menschen. Leidtragende sind jene, die schon ganz unten stehen. Der Unmut wird oft nicht direkt ausgesprochen, sondern in Fragen verpackt. Hier einige Anmerkungen dazu.

Warum sollen ausgerechnet wir »denen da unten« helfen, obwohl wir ja eigentlich nichts mit ihnen tun haben? Ganz so einfach ist das nicht. Ein Teil unseres Wohlstands in den Industrieländern rührt daher, dass wir viele Länder »da unten« einerseits ausbeuten (von Rohstoffen bis zu Arbeitskräften), sie andererseits mit unserer Überproduktion überschwemmen und so ihre Strukturen zerstören. Dazu liefern wir noch Waffen en gros. Damit das reibungslos funktioniert, wurden und werden unsägliche Diktatoren und Clans gestützt, die die Länder ruinieren, Kriege gegen die eigene Bevölkerung führen und sie so massenhaft vertreiben.

Sollten wir nicht lieber den armen Menschen bei uns helfen? Natürlich sollten wir das und das eine schließt das andere ja nicht aus. Scheinheilig und perfide wird es allerdings dann, wenn sich plötzlich auch jene politischen Kräfte um »unsere Armen« sorgen, die sie mangels anderer Sündenböcke sofort wieder als Sozialschmarotzer und arbeitsscheues Gesindel vor sich hertreiben würden, wenn keine Flüchtlinge (und Bettler) mehr da wären. Flüchtlinge und arme Einheimische sind keine Gegner, sondern beide Opfer einer aus dem Ruder gelaufenen Weltwirtschaft, die ständig Wohlstand von Süden nach Norden und von unten nach oben schaufelt.

Wir können die Welt nicht retten – sollten wir nicht einfach die Grenzen dicht machen? Wir können nicht die Welt retten, aber einzelne Menschen. Gegenfrage: Wenn Sie persönlich in Süditalien die Verantwortung und die Entscheidungsmacht hätten, würden Sie gestrandete, halbtote Menschen wieder ins Meer zurücktreiben? Das wäre nämlich die logische Konsequenz einer Abschottung aller europäischen Grenzen. Denn kommen werden die Verzweifelten trotzdem, solange die Lage in den Herkunftsländern derartig katastrophal ist.

Und dass wir hier ohne Zuwanderung unser Sozialsystem (Pensionen, Pflege, Gesundheitsversorgung, etc.) bald nicht mehr finanzieren können, wird in diesem Zusammenhang so gut wie nie erwähnt.

Parteigründerzeit

FPS, TH, PPP, VPS oder AAAFDW – was schon bald auf unseren Stimmzetteln stehen wird.

Karl Schnell ist halt doch ein (r)echter Politiker reinsten Wassers. Kurz nachdem er verkündet hat, keine neue Partei gründen zu wollen, gründet er die Freiheitliche Partei Salzburg FPS. Mit seinen leicht angegrauten Blaudegen will er unter dem alten Plakatmotto »Allein gegen die Mafia« die wohlersessenen Posten verbissen gegen Trebirro Strachelli, den brutalen Capo aus Wien, seinen wendigen Consigliere Schoeppelino und dessen Feindfreunden von der Salzburger Seidenschnurfraktion verteidigen.

Auch das sogenannte »Team Stronach« scheint nun auch auf den Geschmack gekommen zu sein. Landesrat Hans Mayr denkt ebenfalls über eine »Weiterentwicklung« der Partei nach. Ob die dann AAS (Alles außer Stronach) oder gar TH (Team Hasi) heißen wird, steht noch nicht fest. Da kann natürlich sein »Zweckgemeinschaftsfreund« Helmut Naderer nicht zurückstehen und erwägt die Gründung der PPP, der »Partei der permanenten Parteiwechsler«, um endlich in das Buch der Rekorde zu kommen.

Damit nicht genug: Der Wirtschaftsflügel der ÖVP in den Tourismusgebieten steht vor der Gründung der NGR, der »Notwehrgemeinschaft gegen Registrierkassen«, und es ist wahrscheinlich, dass sich bald die rot-blau-kritische VPS, die »Vereinigung parteitagsbeschlusstreuer Sozialdemokraten« von der SPÖ abspalten wird – dabei dürfte es sich aber nur um eine Splittergruppe handeln. Und grüne Frauenrechtlerinnen könnten sich schon bald mit feministischen Kreisen anderer Parteien zur GAL, der »GenderInnen aller LänderInnen« zusammenschließen, die allerdings nicht mit dem AAAFDW zu verwechseln ist, dem geplanten »Aktionsbündnis alternativer Ampelmännchen für den Weltfrieden. Tja, wer die Wahl ...

Atemlos durch den Stadl?

Ein Nachruf auf das traditionelle Hochamt der volkstümlichen Fernsehunterhaltung.

Vergangenen Samstag ist die allerletzte heilige Messe der Eskapistengemeinde im klassischen Musikantenstadl gefeiert worden. Bruder Andy, der idealtypische Hohepriester für das jenseitig-ekstatische Schunkeln im 16:9-Format, hat sie noch einmal Mal zelebriert, vor dem weihnachtskrippenartigen Hochaltar der volksnahen Fernsehunterhaltung. Gesendet wurde aus Pula, einer Stadt, die zu Österreich gehörte, als die Reiferen unter uns Stadlfans noch junge Hupfer waren.

Nun soll alles viel moderner, zeitgeistiger und vor allem werberelevanter werden: die Moderatoren, das Publikum und vor allem die Künstler. Wie soll man sich das vorstellen? Rauschen bald im ausverkauften Berliner Olympiastadion die Klone von Helene Fischer, dieser Kreuzung aus Lady Gaga (Performance) und Rosamunde Pilcher (Inhalt) als hyperprofessionelle Testimonials des Produktplatzierungsschlagers atemlos durch den Stadl – in einer Bühnendeko von Ikea? Oder schwebt gar unser nationaler Frauenbeauftragter Andi Gabalier alias »Mountain Man« aus einer Wolke von Spezialeffekten in die Arena von Gelsenkirchen hinab? Und wie nennt man das dann? Volksdeutscher Stadlionrock?

Übrig bleiben wir, die eiskalt abgekoppelten Anhänger der traditionellen Volkstümlichkeit, die sich noch immer nach den alten, unvergänglichen Werten sehnen – nach der tiefen Spiritualität der Kastlruther Spatzen, der ehrlichen Erdigkeit von Stefan Mross, der mütterlichen Erotik von Andrea Berg und der ungekünstelten Bodenständigkeit von Marianne und Michael – und die sonst nichts wollen, als weiter auf dem Schmelz von Semino Rossis Kauderwelsch zwischen den auskragenden Klippen einer düsteren Welt in den Sonnenuntergang segeln.

In Ewigkeit Mammon

Oooooooooh
Mighty Mammon
Won't you rain
Down on me!

Liebe Freunde, mit dieser kleinen Weise aus dem gelobten Land an der Wallstreet, möchte ich euch willkommen heißen, im Namen des Dollars, des Euros und des hammerharten Schweizer Frankens.

Liebe Brüder und Schwestern, es erfüllt mich mit großer Freude, dass ihr euch hier eingefunden habt, um der einzigen wahren Gottheit unserer Zeit eure Ehrerbietung zu erweisen: dem heiligen Ego in seiner schönsten Ausprägung, dem uneingeschränkten freien Finanzmarkt.

Vorbei sind die dunklen Zeiten, in denen wir falschen Göttern gehuldigt haben, sogenannten Religionen und Ideologien, die uns die klare Sicht auf unser wahres Wesen vernebelt und uns auf falsche Pfade geführt haben; auf menschliche Irrwege wie Solidarität, Mitmenschlichkeit, Friede, Freude, Eierkuchen.

Und so lasset uns nun gemeinsam singen: Gierig, gierig, gierig, gierig sind wir sehr, gierig, gierig, gierig, wollen immer mehr!

Liebe Brüder und Schwestern, ich rufe euch auf, widersteht dem Teufel, der euch in Versuchung führt und bedenket, wie es im ersten Buch unseres geliebten Propheten George Dablju vom brennenden Busch geschrieben steht: Der Staat ist der wahre Teufel, der euch eurer Freiheit und Würde beraubt. Mit seinen Steuern will er euch knechten, euch das Blut aus den Adern saugen und es sinnlos vergeuden. Denn wer, liebe Freunde und Shareholders, braucht nutzlosen Tand wie öffentliche Schulen und Kindergärten, staatliche Gesundheitssysteme und sozialen Wohnbau, wenn er einen festen Glauben, ein weitverzweigtes Netzwerk, ein ausgeklügeltes Portfolio und ein prall gefülltes Nummernkonto sein Eigen nennt.

Und so lasset uns nun jenen Propheten huldigen, die uns dereinst den glorreichen Weg in die Seligkeit geebnet haben: der heiligen Margret von Westminster, dem heiligen Ronald von Washington DC und all ihren willfährigen Jüngern und Jüngerinnen in den liberalen, konservativen und auch sozialdemokratischen Parteien Europas.

Lasset uns aber auch jener eingedenk sein, die mühselig und beladen sind, die alleine zuhause sitzen, fern von ihren lieben Schwarzgeldmillionen in Liechtenstein oder in Offshore-Banken, und die in dunklen Nächten von Alpträumen geplagt werden, auch ihr Name könnte dereinstauf einer jener unseligen CDs aufscheinen, die die Finanzministerien mancher rückständiger Länder in ketzerischer Art und Weise angekauft haben.

Lasset uns deshalb unserer huldvollen Schutzpatronin Mitzi, die uns leider verlassen musste, zum Abschied noch einmal ein Dankeslied singen, auf dass das gesegnete Steuerabkommen noch lange halten möge:

Danke, für unser Bankgeheimnis, danke, dass du uns so beschützt.

Danke, dass von uns Steuergaunern neamd im Häfen sitzt!

An dieser Stelle möchte ich auch unseren Märtyrern Karl-Heinz, Ernst, Julius, Uli und Silvio, um nun einige wenige zu nennen, einen aufmunternden Gruß zukommen lassen und ihnen zurufen: Verzweifelt nicht, denn wenn du glaubst es geht nicht mehr, hilft die Verjährung manchmal sehr.

Und zum Abschluss, liebe Freunde, lasset uns beten, wie das allmächtige Raubtier in uns uns zu beten gelehrt hat:

Globaler Finanzmarkt unser,
Geheiligt wird dein Name.
Dein Reich ist gekommen.
Dein Wille geschieht, wie an der Börse, so auf Erden.
Mit unserem täglichen Brot spekulierst du heute.
Du vergibst keine Schulden, und auch wir vergeben nicht
unseren Schuldigern,
Führe uns in Versuchung und erlöse uns von unserem Gewissen.

Denn du machst uns reich, deine Macht ist uns Herrlichkeit
In Ewigkeit Mammon

Und nun, liebe Brüder und Schwestern, gehet hin in Geiz und Geilheit!

Oooooooooh
Mighty Mammon
Won't you rain
Down on me!

Facetten der Landluft

Gedanken zu verschiedenen Geruchserlebnissen in unserem Land.

Wenn man sich eine Gegend erwandert oder erradelt anstatt sie im (luftversiegelten und vollklimatisierten) Auto zu überrollen, erfährt man nicht nur mehr, sondern auch andere Sinneseindrücke. Neben überraschenden Blicken und Perspektiven, die sich einem bieten, kann man eine Landschaft auch hören und ganz besonders riechen. Und unser Geruchssinn ist, von der Evolution bedingt, stärker mit Gefühlen erbunden als andere Sinne. Es heißt ja auch, dass man einen Menschen gut oder überhaupt nicht riechen kann. Nicht nur Menschen, auch Gegenden.

Wenn man zum Beispiel durch den Lungau oder einige andere Regionen Salzburgs wandert oder radelt, ist man oft (noch?) von Wiesenblumen an den Rändern und Böschungen und von duftendem Heu umgeben, das auf vielen Flächen zum Trocknen liegt. Und dieser natürliche, von ätherischen Ölen bewirkte Duft, gibt der Landschaft eine andere, positive Wertigkeit. Das passiert ganz unbewusst. Andernorts kämpft man sich in einer Art »Tour de Urinal« durch nicht enden wollende Schwaden von Gülle – und ich meine den ganz harten, unbehandelten Stoff. Dies drückt der optisch durchaus beeindruckenden Landschaft einen stark wertmindernden Geruchsstempel auf.

Was ich damit sagen will ist, dass wir die einzelnen Bereiche unseres Lebens und unserer Wirtschaft nicht isoliert sehen können, sondern dass alles zusammenhängt und sich gegenseitig beeinflusst. Es nützt mir zum Beispiel, um das Bild noch ein wenig greller zu malen, als Gast der aufwändigste Wellnessbereich und das köstlichste regionale Biofrühstück auf der Panoramaterrasse nichts, wenn es rundherum gotterbärmlich stinkt. Und das gilt für alle Bereiche – unser Land ist ein Gesamtpaket.

Live Aid vor der Haustüre

Die Not auf der Welt ist uns näher gerückt. Zu bekämpfen sind die Ursachen, nicht die Symptome.

Vor 30 Jahren flimmerte das Live Aid Festival über die Bildschirme und forderte uns auf, für Afrika zu spenden. Der Publizist Günther Nenning sagte damals, dass die Gegensätze der Welt nun nicht mehr Ost und West seien, sondern Nord und Süd. Mitten im Kalten Krieg klang diese Aussage absurd, heute wissen wir, wie treffend sie war. Denn schon bald begann nicht nur der Ostblock zu bröckeln, sondern man krempelte auch, von Amerika und England ausgehend und vom Durchschnittsbürger (bis heute?) unbemerkt, das Weltwirtschaftssystem völlig um, deregulierte die Märkte und enthob sie jeder Kontrolle.

Seiter öffnet sich die Schere zwischen arm und reich immer schneller, innerhalb und zwischen Ländern und Kontinenten; Konzerne und Spekulanten sind mächtiger als einzelne Staaten und bestimmen Politik und Gesetze und die ausgebeutete Natur sendet Warnsignale in immer kürzeren Abständen. Als erste und existentiell trifft es die Menschen im Süden. Viele Länder dort versinken im Chaos zwischen Naturkatastrophen, Krieg, Hunger, Korruption und Aussichtslosigkeit und deshalb hat eine Massenflucht Richtung Norden begonnen. Und plötzlich, 30 Jahre nach Live Aid, stehen die Adressaten vor unseren Haustüren und bitten uns quasi persönlich um Hilfe.

Und wenn wir nicht völlig ignorant sind, wissen wir diesmal, dass es mit Festivals, Entwicklungshilfe und Spenden nicht getan sein kann , auch wenn das alles wichtig ist. Solange wir ein System aufrechterhalten, das Abermillionen von Menschen keine Aussicht bietet menschenwürdig leben zu können, werden die Flüchtlingsströme anwachsen – und wie nutzlos unsere wie auch immer gearteten Dämme gegen Verzweifelte sein werden, zeigt die Geschichte.

Rot oder türkis?

Die wesentlichen Entscheidungen werden bei uns immer noch vom Volk getroffen.

Man kann über unsere Demokratie sagen, was man will, Details sind natürlich immer verbesserungswürdig, aber wenn es ums Eingemachte geht, werden am Ende doch immer wir Bürger gefragt. Und dabei meine ich jetzt nicht die üblichen politischen Nebenschauplätze, sondern grundlegende Weichenstellungen, die die Zukunft unseres Landes nachhaltig prägen werden, wie die Farbe der Autobahnvignette.

»Rot oder türkis?« ist die Gretchenfrage, die wir noch bis 7. August per Internetvoting beantworten dürfen und wir werden uns die Entscheidung nicht leicht machen, denn die Folgen könnten gravierend sein. Rot oder türkis, das sind ja nicht nur zwei Farben, sondern auch zwei Symbole, die durchaus auch politisch, religiös und vor allem psychologisch gedeutet werden können: Wählen wir die heiße Aggression oder die kühle Gelassenheit und was wird das für Folgen für das Verhalten auf den Straßen haben? Wird die machohafte Männleinfarbe des Ferrari Testarossa oder der weiblich-ganzheitliche Anstrich von Vorzimmern esoterischer Praxen ein Jahr lang durch die Windschutzscheiben schimmern und sich im Gemüt der Insassen verfestigen? Vollgas für's Ego oder Vorfahrt für alle?

Aber auch Auswirkungen auf das Privatleben sind nicht zu unterschätzen. Passt die neue Farbe zu jener des geliebten Automobils oder muss man es umspritzen lassen wie im letzten Jahr? Passt sie zum Styling des Ehepartners oder ist schon wieder eine Scheidung fällig? Es wird nicht einfach werden.

Und im folgenden Jahr dürfen wir dann über die neue Verfassung abstimmen – nicht über den Inhalt, sondern in welcher Schriftart sie künftig gedruckt wird: Arial Black oder Times New Roman? Oh Gott, ich bin schon jetzt ganz aufgeregt.

Ehrenamtliche Ehrenretter

Ein Dank an jene, die das Versagen des Staates durch persönlichen Einsatz abfedern.

Während die mit den Zukunftsängsten der Bevölkerung spielende Hetze in unserem Land schon dermaßen faule Früchte trägt, dass junge Menschen, denen es an absolut nichts (Materiellem) mangelt, menschenverachtende Postings über Flüchtlingskinder absondern oder gar mit Paintballwaffen auf Asylwerber schießen, während sich Bund, Länder und viele Gemeinden noch immer in Kindergartenkindermanier gegenseitig die Schuld zuschieben und dringend notwendige Lösungen blockieren, während durch den Kontrast zwischen dem Galadiner im Schloss Leopoldskron und dem unsäglichen Zeltlager ein paar hundert Meter weiter die sozialen Pole dieser Welt offenbart, ja eigentlich schon fast inszeniert werden und während unser Landeshauptmann im Festspielhaus mit einer Rede beeindruckt, deren Inhalt förmlich nach Unterfütterung mit Realpolitik schreit, nehmen viele Menschen in unserem Land einfach selbst das Heft in die Hand und starten private Initiativen, um zu helfen.

Und da ich oft unterwegs bin und in Gesprächen viel über die Vorgänge in einzelnen Gemeinden erfahre, weiß ich, dass die Anzahl dieser Personen und Gruppen viel größer ist, als man angesichts der kolportierten, negativen Stimmungslage glauben möchte. Viele Frauen und Männer aus verschiedenen Altersgruppen, sozialen Schichten und politischen Lagern stellen sich als Ansprechpartner zur Verfügung, kümmern sich ehrenamtlich um Sprachkurse, Quartierbeschaffung, Betreuung und Integration, die meisten von ihnen möchten ihre Hilfe aber nicht an die große Glocke hängen.

Das sollte aber jemand tun, denn diese Menschen sind es, die gerade unsere Ehre als zivilisiertes Land mit humanistischen Grundsätzen retten. Herzlichen Dank dafür!

Verbale Taliban

Mit gereimten Hetzparolen kann man Wählerstimmen holen.

Steht ein Wahlgang vor der Tür,
Eins, zwei, drei, dann zücken wir
Schnell den stumpfen blauen Stift,
Sprühen böser Worte Gift.

Mit gereimten Hetzparolen
Kann man Wählerstimmen holen,
Was am besten funktioniert,
Wenn man sie auch plakatiert.

Freilich gibt das jedes Mal
Großen Wirbel und Skandal,
Viele sind zutiefst empört,
Was uns aber gar nicht stört.

Denn die Leute, die wir wollen,
Die das Stimmvieh spielen sollen,
Lachen still in sich hinein –
Und genau so soll es sein.

Kommt dann die Entschuldigung
Als medialer Rösslsprung,
Ist die Saat schon längst gesät,
Die dann bei der Wahl aufgeht.

Sind wir endlich an der Macht,
Wird das Stimmvieh ausgelacht,
Denn wir sind als Mitregierer
Meist die größten Abkassierer.

Wo wir auch am Ruder waren,
In den letzten zwanzig Jahren,
War'n wir mitten drin in allen
Grauslichen Politskandalen.

Doch danach kräht jetzt kein Hahn,
denn wir patzen and're an
Und das Mittel zu dem Zwecke
Sind seit jeher Sündenböcke.

Menschen kümmern uns nicht viel,
Macht und Einfluss sind das Ziel.
Wir hetzen auf, wir stacheln an:
Wir sind verbale Taliban.

Schweigen im Walde

Wenn ihre Mitte bröckelt und verstummt, droht eine Gesellschaft zu zerreißen.

Der gegenwärtige Zustrom von Flüchtlingen (ein anderes Wort wäre Heimatvertriebene) ist eine große Herausforderung für unser Land und spaltet zusehends unsere Gesellschaft. Auf der einen Seite gibt es viele Menschen, die den Hilfesuchenden beistehen, auf der anderen Seite gibt es aber auch sehr viele, die unterschwellig Angst haben und so auf die kalkulierten politischen Hetzparolen ansprechen. Was ich in der letzten Woche über unschuldige Menschen, die einen grauenhaften Tod gestorben sind, in einem Gastgarten, auf einer Almhütte und über einen Gartenzaun hinweg zu hören bekam, ist an Gefühlskälte und Geschmacklosigkeit kaum mehr zu überbieten. Dass das teilweise von Menschen abgesondert wurde, die sonst sehr wohl bereit sind, für das Gnadenbrot importierter griechischer Esel zu spenden, ist nicht nur unverständlich, sondern absurd. Apropos: Die unzähligen Promis aus der Unterhaltungs- und Schlagerbranche, die sich sonst vor sozialem Engagement strotzend ins Blitzlichtgewitter drängen, wenn gerade Auftrieb im Nobeltierheim ist, wo sind die eigentlich jetzt, wo es um Menschen geht? Schweigen im Walde.

Nicht nur bedenklich, sondern gefährlich ist, dass diese grauenhaften Wortmeldungen im privaten und halböffentlichen Bereich immer unwidersprochen blieben. Unwidersprochen auch von Menschen, die aus der sogenannten Mitte der Gesellschaft kommen und von denen man genau weiß, dass sie diese Ansichten keinesfalls teilen. Und das ist ein Alarmzeichen. Wenn ihre Mitte anfängt zu bröckeln und zu verstummen – aus Angst oder wohl eher noch aus Bequemlichkeit – und den Hetzern und Scharfmachern das Feld überlässt, hat eine (demokratische) Gesellschaft ein riesengroßes Problem.

Fritz Messner

Fritz Messner wurde am 14. November 1962 in St. Michael im Lungau geboren. Er war Hauptschullehrer in mehreren Salzburger Bezirken und lebt derzeit als freischaffender Musiker (Die Querschläger), Kabarettist (Kultkabarett) und Autor in St. Michael. Mit den Querschlägern hat er als Liederschreiber und Sänger in den letzten 20 Jahren 13 Alben veröffentlicht, die Musik zu drei Theaterstücken verfasst und an die 700 Konzerte in ganz Österreich und dem angrenzenden Ausland gespielt. Mit dem Ensemble Kultkabarett hat er seit 2006 vier Kabarettprogramme – ebenfalls österreichweit – auf die verschiedensten Bühnen gebracht.
Seit 2011 kommentiert Fritz Messner in einer wöchentlichen Glosse das Zeitgeschehen in den Salzburger Nachrichten.

www.fritzmessner.at
www.querschlaeger.at
www.kultkabarett.at

Foto: Christian Streili

Reinhard Simbürger

Reinhard Simbürger wurde am 4. Mai 1960 in Tamsweg im Lungau geboren. Nach seiner Ausbildung zum Holz- und Steinbildhauer in Hallein und einigen Auslandsaufenthalten, absolvierte er die Hochschule für Künstlerische Gestaltung in Linz. Ausstellungen und Symposien im In- und Ausland folgten. Sein Wirken ist durch ein vielseitiges Betätigungsfeld als Bildhauer, Musiker, Maler, Zeichner, Waldpädagoge, Theaterspieler, Ausstellungsgestalter, Kulturschaffender, u.v.m. gekennzeichnet. Gründungsmitglied der Gruppe Querschläger. Er lebt und arbeitet seit 2014 in Murau.

Mag. art Reinhard Simbürger
r.sim@aon.at
www.kunst-simbuerger.at

Foto: Christian Streili

Kolophon

Bibliografische Information Der Deutschen Bibliothek
Die Deutsche Bibliothek verzeichnet diese Publikation in der Deutschen Nationalbibliografie; detaillierte bibliografische Daten sind im Internet über http://dnb.ddb.de abrufbar.

Lektorat: Dr. Christina Repolust, Salzburg
Buchgestaltung und Typografie: Michael Karner, Gloggnitz
Druck: Samson Druck, St. Margarethen

ISBN 978-3-901496-34-9
Printed in Austria